Das historische
Heidelberg

HOTEL

Hartmut Ellrich

DAS HISTORISCHE HEIDELBERG

Bilder erzählen

MICHAEL IMHOF VERLAG

BILDNACHWEIS

Busse, Hermann Eris (Hg.): Heidelberg und das Neckartal, Freiburg/Breisgau 1939 (Badische Heimat – Jahresband 1939): 60 rechts, 100 rechts, 139, 158 oben – **Daniel, Michael:** Heidelberg und das Neckartal, Lahr [1937]: 1, 46 oben, 55 (beide), 75 links, 77 links, 93, 100 links, 101 links, 108, 127, 138, 141 (beide), 148 oben, 158 unten – **Haller, Fritz; Rottmann, Paul:** Neue Stadtbaukunst: Heidelberg, Berlin u. a. 1928: 54 oben, 68 rechts, 125, 126, 128, 129, 134, 135 (beide), 146, 152, 153, 160 (beide), 161 (beide), 162 (beide), 163 – **Heidelberg und Umgebung**. Deutschland-Bildheft Nr. 41, Berlin-Tempelhof 1933: 61 rechts, 62, 101 rechts, 109, 133, 165 – **Henkenius, H.**: Wegweiser durch Heidelberg, 12. Aufl., Heidelberg um 1912: 20, 28 unten – **Oechelhaeuser, Adolf von (Bearb.):** Die Kunstdenkmäler des Amtsbezirks Heidelberg (Kreis Heidelberg), Tübingen 1913: 11, 13, 15, 33 (beide), 40 rechts, 41 links, 49 links, 58 (beide), 61 links, 63 rechts, 64 (beide), 71 rechts, 75 rechts, 76, 87 (beide), 88, 90 (beide), 98 rechts, 99 (beide), 102 rechts, 111, 112 links, 115, 131 (beide), 132 oben, 136 rechts, 137, 154, 159 – **Pfaff, Karl:** Heidelberg und Umgebung, Heidelberg 1910: 40 links, 44, 49 rechts, 50 links, 54 unten, 67, 68 links, 69 rechts, 70, 71 links, 78 unten, 79 links, 84 rechts, 85 links, 94 unten, 95, 122 unten, 124, 142, 143, 147, 164 – **Schmieder, Ludwig:** Führer durch Heidelberg und Umgebung, 2. Aufl., Heidelberg 1928: 66, 112 rechts – **Sillib, Rudolf; Lohmeyer, Karl:** Heidelberg, Leipzig [1927]: 51 (beide), 52, 77 rechts, 89 rechts, 102 links, 103, 110, 114, 119 – **Schrade, Hubertus:** Heidelberg und das Neckartal, Berlin 1939: 19, 27 unten, 34 links, 36 rechts, 37, 48, 50 rechts, 107 rechts – **Wikipedia** (Archiv Corps Rhenania Heidelberg): 97, 150, 151 – **Zähringer, Wilhelm:** Mein Heidelberg wie es wurde und wie es ist, Bühl [1922]: 17, 29 rechts, 53, 72, 81, 92 rechts, 104, 132 unten, 136 links, 155 – **Sammlung Hartmut Ellrich:** Titelbild, 2, 9, 14, 16, 18, 21, 24, 26, 27 oben, 28 oben, 29 links, 31, 32, 34 rechts, 35, 36 links, 39, 41 rechts, 42, 43, 45 (beide), 46, 47, 56, 57, 59, 60 links, 63 links, 65 (beide), 69 links, 73, 74, 78 oben, 79 rechts, 80 unten, 82 (beide), 83, 84 links, 85 rechts, 86, 89 links, 91, 92 links, 94 oben, 96 (beide), 98 links, 106, 107 links, 113, 116 (beide), 117 (beide), 118, 120 (beide), 121, 122 oben, 123, 125 rechts, 130, 140, 142 rechts, 144 (beide), 145, 148 unten, 149, 156, 157

S. 1: Alt-Heidelberg im Morgenlicht. Die Dächer der Altstadt werden von der Heiliggeistkirche überragt. Im Hintergrund fällt der Blick auf das Schloss, Ansicht Mitte der 1930er Jahre.

S. 2: Der Marktplatz mit Herkulesbrunnen und Rathaus, um 1900. Bereits fertig gestellt ist der monströse Nordflügel des Rathauses (1886–1890).

Titelbild: Heidelberg mit Neckar, Altstadt und Schloss nach Süden, um 1890

Stettiner Straße 25 · D-36100 Petersberg
Tel. 0661/9628286 · Fax 0661/63686
www.imhof-verlag.de

Gestaltung und Reproduktion: Michael Imhof Verlag
Druck: Grafisches Centrum Cuno GmbH & Co. KG, Calbe
Printed in EU

ISBN 978-3-86568-505-6

Vorwort

Mit Heidelberg verbinden sich viele Begriffe: „Homo heidelbergensis“, „Bibliotheca Palatina“, Heidelberger Disputation oder Heidelberger Kirchenstreit. Merians 1620 entstandene Ansicht vom späteren Philosophenweg ist legendär. Die Lage der zwischen Königstuhl und Gaisberg, Neckar und Heiligenberg eingeschmiegten Stadt hat Zeitgenossen zu allen Zeiten begeistert, allen voran Goethe, der wusste, dass „Heidelberg [...] in seiner Lage und mit seiner Umgebung etwas Ideales“ hatte. Und noch immer kann man in der Stadt mit Deutschlands wohl populärster Schlossruine sein Herz verlieren, wie Fred Raymond 1927 in seinem Singspiel treffend bemerkte und zahllose auswärtige Touristen im „Student Prince“ erleben. Die Romantik zog unendlich viele Menschen in ihren Bann. Clemens Brentano, einer ihrer Hauptvertreter bemerkte in einem Brief an Achim von Arnim: „Komme in dies schöne Land, es ist hier schön, unbegreiflich schön! ... Eile, eile, ehe alle Bäume hier abblühn... hier ist es unendlich schön!“ Wie recht er hatte und wie inspirierend der Ort wirkte, bewiesen beide nicht zuletzt durch die Herausgabe von „Des Knaben Wunderhorn“, dessen erster von drei Bänden 1806 bei Mohr & Zimmer in Heidelberg herauskam und der Goethe zugeeignet war. Die Romantiker liebten nicht von ungefähr den Philosophenweg und die heutige Scheffelterrasse, denn von beiden Orten hat man einen trefflichen Blick auf Schloss, Altstadt und in die Rheinebene und besonders stimmungsvoll bei untergehender Abendsonne. Alle waren sie hier und schwärmten von Heidelberg die Schriftsteller und Dichter Schubart, Heinse, Jean Paul und Eichendorff, Goethe, Marianne v. Willemer und Tieck, Kotzebue, Thiersch, Scheffel und Hebbel, Victor Hugo und Mark Twain – alle zeigten sich begeistert von Heidelberg und seiner Atmosphäre. Turner, Fohr, Rottmann und Fries sind die stimmungsvollen Szenen zu verdanken, die den Begriff der „Heidelberger Romantik“ in der Kunst wie selbstverständlich manifestierten. Doch was wäre die Romantik ohne jene berühmte Ruine, die Charles de Graimberg im 19. Jahrhundert dem Vergessen entriss und die bis heute ganze Völkerscharen von Touristen aus Nah und Fern in ihren Bann zieht. Fast jeder überquert dabei einmal das Große Fass, erfährt vom Hofnarren Perkeo, dem legendären „Hortus

Palatinus“ oder dem „Rittersprung“ auf dem Altan mit seiner herrlichen Aussicht. Nicht weniger berühmt ist eine Pfälzerin, deren derbe ungeschminkte Sprache sich in zahlreichen Briefen erhalten hat: Liselotte von der Pfalz, verehelichte Herzogin von Orléans, Schwägerin des „Sonnenkönigs“ Ludwigs XIV. von Frankreich. Nach ihrem Tode versuchten die Franzosen ihr Erbe durch einen verheerenden Krieg durchzusetzen, der in der Pfalz und vor allem in Heidelberg keinen Stein auf dem anderen ließ. Das was zwischen 1689 und 1693 nicht in Flammen aufgegangen war, vernichtete 1764 ein Blitzschlag. Da hatte die einstige pfälzische Stammburg ihre Funktion als Residenz lange an Mannheim abgegeben. Dennoch: der kunstsinnige Kurfürst Carl Theodor hinterließ Spuren im Stadtbild, die der vorliegende Band teilweise zu neuem Leben erwecken möchte, etwa beim 1856 abgerissenen Mannheimer Tor, der Alten Brücke, die sein Denkmal trägt oder dem einstmals malerisch gelegenen viel zu teuren Karlstor, das den Namen des Kurfürsten erhielt. Wie ein roter Faden zieht sich die Geschichte der Universität durch das Buch – von der Alten Universität, über die von Kaiserslautern hierher verlegte Physikalisch-Ökonomische Gesellschaft, bis hin zu kulturellen Treffpunkten wie der Villa Fallenstein, der Hirschgasse oder dem Seppl in der Altstadt. Nicht zuletzt gilt es Straßen und Plätze, Verkehrswege zu Lande und zu Wasser in den Blick zu nehmen in einer Stadt, die vom Krieg unzerstört, ihr Antlitz doch rapide gewandelt hat und etwa mit Blick auf die Bahnstadt weiter wandelt. Die Aufnahmen zeigen eine Stadt im Aufbruch zwischen den 1860er und späten 1920er Jahren, ohne das Heidelberg in der NS-Zeit auszublenden. Als eine von sieben Neugestaltungsstädten hätte sich ihr Antlitz schlagartig verändert. Feierstätte und Reichsfestspiele jedoch blieben Episode und die Stadt wie durch ein Wunder unzerstört. Die berühmten Flugblätter der Alliierten mit dem Slogan „Heidelberg werden wir schonen, denn dort wollen wir einmal wohnen“ bewahrheiteten sich. Nach Kriegsende 1945 kehrte der freie und lebendige Geist in die alte Universitätsstadt am Neckar zurück, nicht nur am Gebäude der Neuen Universität.

Heidelberger Schlossbeleuchtung zur Jahrhundertwende. Bereits 1815 hatte die erste Illumination der Schlossruine anlässlich der Vereinbarung der Heiligen Allianz zahlreicher Herrscher gegen Napoleon stattgefunden, 1878 hat sie Mark Twain (1835–1910) beschrieben und in seinem „Bummel durch Europa“ festgehalten.

Heidelberg – Stadtgeschichte kurzgefasst (Chronologie)

Um 450000 v. Chr.
„homo erectus heidelbergensis" – Der 1907 bei Mauer gefundene Unterkieferknochen ist der älteste europäische Menschenfund.

5500–5000 v. Chr.
Älteste Funde von Bandkeramik auf dem Heiligenberg

Um 5000 v. Chr. werden die ersten Menschen im Heidelberger Raum sesshaft und beginnen mit Rodungen.

5000–4400 v Chr.
Früheste Siedlungsspuren auf dem Heiligenberg (Rössener Kultur)

Um 2000–750 v. Chr. existiert im Neuenheimer Feld in Höhe des späteren Tiergartens/Zoos ein Dorf.

Um 600 v. Chr. tauchen Kelten im späteren Heidelberger Stadtgebiet auf, die auch den Heiligenberg besetzen und befestigen.

Um 480–250 v. Chr. erreicht die keltische Höhensiedlung auf dem Heiligenberg ihre größte Ausdehnung.

Um 250 v. Chr. wird die Siedlung aufgegeben und um 200 der keltische Gaumittelpunkt nach Ladenburg verlegt.

Um 100 n. Chr.
Römerbrücke und Römerkastell in Neuenheim sowie ein römischer Signalturm auf dem Heiligenberg

5. Juli 774 wird die Kirche von Handschuhsheim (Kirche des hl. Nazarius) im Codex Laureshamensis (Lorscher Codex) erstmals erwähnt.

863–875
Bau eines Klosters auf dem Heiligenberg (Filiale des Klosters Lorsch)

890/891
Ersterwähnung des Michaelsklosters auf dem Heiligenberg

1011 erhält Kaiser Heinrich II. von Bischof Burkhard I. von Worms den Lobdengau.

Um 1090
Errichtung der St. Stephans- und Laurentiuskirche auf der südlichen Kuppe des Heiligenbergs

1130 gründet Anselm auf einem Bergsporn die „Cella zu Niwenburg“ – Kloster Neuburg.

1142 wird das Kloster Schönau durch das Bistum Worms gegründet.

1155 belehnt Kaiser Friedrich I. Barbarossa seinen Halbbruder Pfalzgraf Konrad von Hohenstaufen mit der „Pfalzgrafschaft bey Rhein“.

1196
Erstmalige urkundliche Erwähnung von „Heidelberch“

1211–1214
Pfalzgraf Heinrich II. von Braunschweig der Jüngere (Sohn Heinrichs I. von Braunschweig gibt die Pfalzgrafschaft im Zug der Thronstreitigkeiten seines Onkels Otto IV. mit dem Staufer Friedrich II. auf. Die Pfalzgrafschaft fällt an seinen Schwager Otto II. von Bayern, für den dessen Vater Ludwig I. von Wittelsbach bis 1228 die Regierung führt.

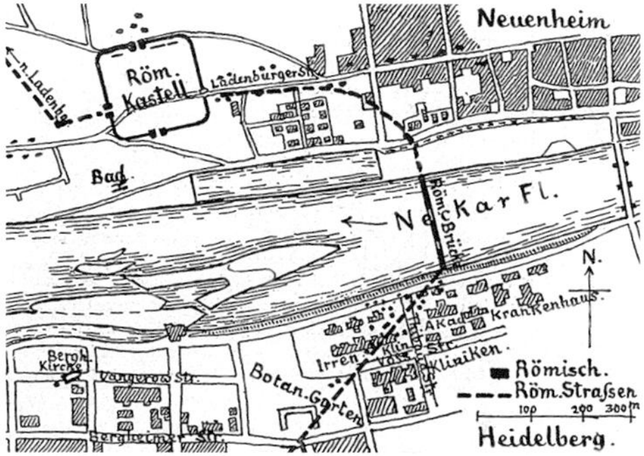

Römisches Kastell zum Schutz des Neckarüberganges auf dem rechten Neckarhochufer, wiederentdeckt 1896 von Zangemeister und Schötensack

1225 erhält Herzog Ludwig von Bayern und Pfalzgraf bei Rhein von Bischof Heinrich von Worms die Burg Heidelberg als Lehen.

1253 stirbt Herzog Otto II. von Bayern. Herzog Ludwig II. von Bayern (genannt „der Strenge“) wird Pfalzgraf bei Rhein.

1257
Aus diesem Jahr stammt das erste bekannte Heidelberger Stadtsiegel.

1278
Beim Neckarhochwasser stürzt die Neckar-

brücke ein; Brand von Schloss und Stadt Heidelberg („Nur die Kirche zur heiligen Jungfrau in der Wüste blieb zurück“)

1279
Ersterwähnung eines Augustiner-Eremiten-Klosters in Heidelberg (1555 aufgelöst und 1693 zerstört)

1280
Erstmalige Erwähnung eines Bürgermeisters in Heidelberg

1294–1313
Infolge der Teilung des wittelsbachischen Besitzes gelangt die Pfalz in den Besitz Pfalzgraf Rudolfs I., des Stammlers – Regent ist wohl von 1294 bis 1323 der spätere König und Kaiser Pfalzgraf Ludwig IV.

1303 werden in einer Urkunde zwei Heidelberger Burgen erwähnt: die untere auf dem Jettenbühl sowie die obere auf dem Kleinen Gaisberg (Platz der heutigen Molkenkur).

4. August 1329
Infolge des Hausvertrags von Pavia werden die Wittelsbachischen Lande in Pfalz und Bayern geteilt und die Pfalz mit der Oberpfalz von Bayern getrennt.

1356
Goldene Bulle

26. Juni 1386
Beschluss Kurfürst Ruprecht I, seines Neffen Ruprecht II. und dessen Sohnes Ruprecht III. zur Gründung der Heidelberger Universität

1. Oktober 1386
Gründung der Universität Heidelberg nach Pariser Vorbild

1390 lässt Kurfürst Ruprecht II. die Juden aus Heidelberg und der Pfalz vertreiben.

1392 wird die Stadt Heidelberg nach Westen erweitert – von der Grabengasse bis zur heutigen Sofienstraße. Das Dorf Bergheim wird aufgelöst und die Bewohner in der Vorstadt angesiedelt.

1. Juli 1400
Kurfürst Ruprecht III. erhebt die Heiliggeistkirche mit Billigung Papst Bonifatius' IX. zur Stiftskirche.

21. August 1400
Wahl Kurfürst Ruprechts III. zum deutschen König (Ruprecht I.). Ruprecht lässt bis 1410 den gleichnamigen Bau des Schlosses errichten.

1413 wandelt Kurfürst Ludwig III. die Heiliggeistkirche zu einem weltlichen Kollegiatstift um und vereinigt sie mit der Universität; seit 1413 verfügt die Universität über 13 Lehrstühle, je drei in der theologischen und juristischen Fakultät, einen in der medizinischen und sechs in der artistischen Fakultät.

Um 1441 wird das Langhaus der Heiliggeistkirche fertig gestellt

30. Juni 1462
Schlacht bei Seckenheim – Sieg Kurfürst Friedrichs I. über badische, württembergische und bischöflich-metzische Truppen

25. Juni 1487 verkauft das Stift der Heiliggeistkirche die Krambuden zwischen den Wandpfeilern an die Stadt zur Einrichtung von Läden durch die Stiftsbäckerei.

1508–1544 lässt Kurfürst Friedrich V. (genannt „Der Friedfertige") Schloss und Stadt wehrhaft ausbauen.

Am 26. April 1518 besucht Martin Luther (1483–1546) Heidelberg – Luther kommt zur Disputation seiner Ablass-Thesen in die Schola artistarum.

7./25. April 1537
Zerstörung der oberen Burg durch Blitzschlag

In Sebastian Münsters (1488–1552) 1527 publiziertem „Calendarium hebraicum" erscheint die zweitälteste Darstellung Heidelbergs – ein Holzschnitt (Abbildung). Die älteste Darstellung entstand 1485 in der Werkstatt von Johann Prüss in Straßburg.

1544–1552
Exil des Pfalzgrafen Ottheinrich in Heidelberg

10. Januar 1546
Erster lutherischer Gottesdienst in der Peterskirche

1556–1559
Regierung des Kurfürsten Ottheinrich; Reformation der Kurpfalz

1559–1576
Regierungszeit des Kurfürsten Friedrich III. – Stadt und Universität werden mit seinem Regierungsantritt zu einem Zentrum des calvinistisch geprägten Protestantismus.

1563
Der Heidelberger Katechismus wird zum Lehrbuch der Reformierten.

1576–1583
Regierungszeit Kurfürst Ludwigs VI. – Wiedereinführung des lutherischen Bekenntnisses

1583–1610 regiert Kurfürst Friedrich IV. Bis 1592 versieht Kuradministrator Johann Casimir als Amtsverweser die Regierungsgeschäfte für seinen Neffen Friedrich IV.

1610–1623
Regierungszeit Kurfürst Friedrichs V., von 1619–1621 König von Böhmen. Die ersten drei Regierungsjahre bis 1613 wirkt Kuradministrator Johann II. als Amtsverweser für Friedrich V. Unter Friedrich V. entsteht der berühmte „Hortus Palatinus“ und der Englische Bau.

8./18. November 1620
In der Schlacht am Weißen Berg westlich von Prag unterliegt der Führer der böhmischen Stände Christian von Anhalt-Bernburg dem bayerischen Feldherrn Graf von Tilly. Kurfürst

Im Städteatlas „Theatrum orbis terrarum“ von Georg Braun und Franz Hogenberg erscheint 1572 ein kolorierter Holzschnitt mit dem „Panorama von Heidelberg“.

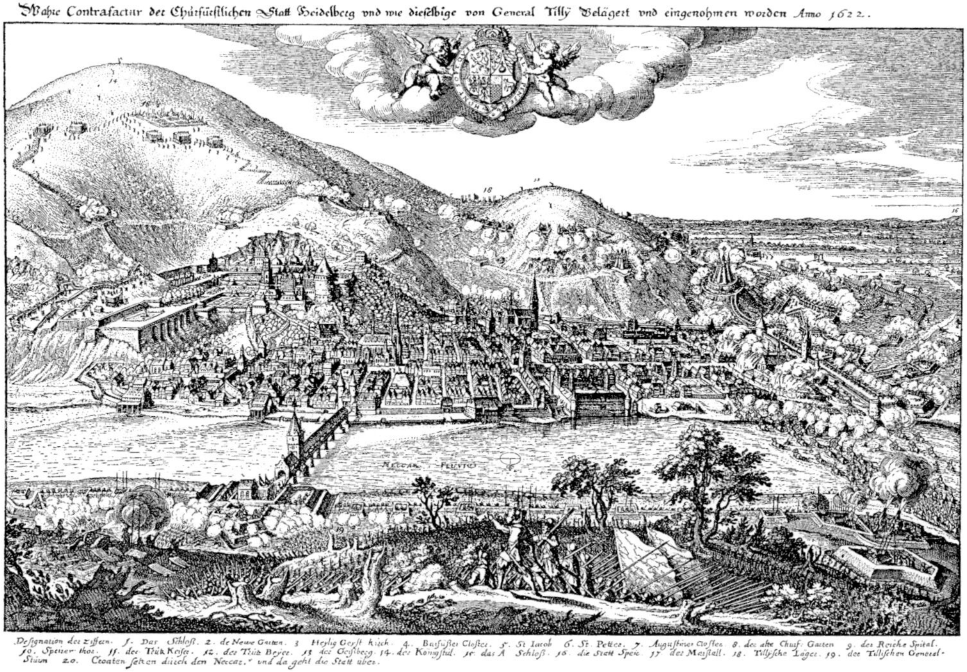

Matthäus Merian d.Ä. (1593–1650): „Wahre Contrafractur der Churfürstlichen Statt Heidelberg und wie dieselbe von General Tilly Belägert und eingenohmen worden Anno 1622.“

Friedrich V. flieht über Schlesien und Norddeutschland nach Den Haag und England. – Die protestantische Union löst sich auf.

1622 belagert der kaiserliche Feldherr Tilly Heidelberg und erobert Stadt und Schloss.

1623 wird die „Bibliotheca Palatina“ durch Leone Allacci nach Rom verbracht.

1633 nehmen die Schweden Heidelberg ein.

1634/35 werden Stadt und Schloss von den Kaiserlichen besetzt.

1648–1680
Regierungszeit des Kurfürsten Karl I. Ludwig (neuerrichtete achte Kur)

November 1671
Elisabeth Charlotte von der Pfalz (1652–1722), Tochter des Kurfürsten Carl Ludwig, wird in Metz mit Philippe de Bourbon, Herzog von Orleans (1640–1701), dem Bruder Ludwigs XIV., verheiratet

1680–1685 regiert Kurfürst Karl II. die Kurpfalz.

1685–1690
Regierungszeit Kurfürst Philipp Wilhelms (seit 1653 Pfalzgraf) – Mit dem Übergang der protestantischen Pfalz an das katholische Haus Pfalz-Neuburg beginnt die Rekatholisierung der Pfalz. In Heidelberg siedeln sich verschiedene Orden an, u. a. die vom Kurfürsten nach Heidelberg gerufenen Jesuiten.

Matthäus Merian d.Ä.: „Heidelberga Septentrionem versus 1645" – Heidelberg – Blick von der Sprunghöhe nach Norden auf Stadt und Fluss zum Heiligenberg, 1645.

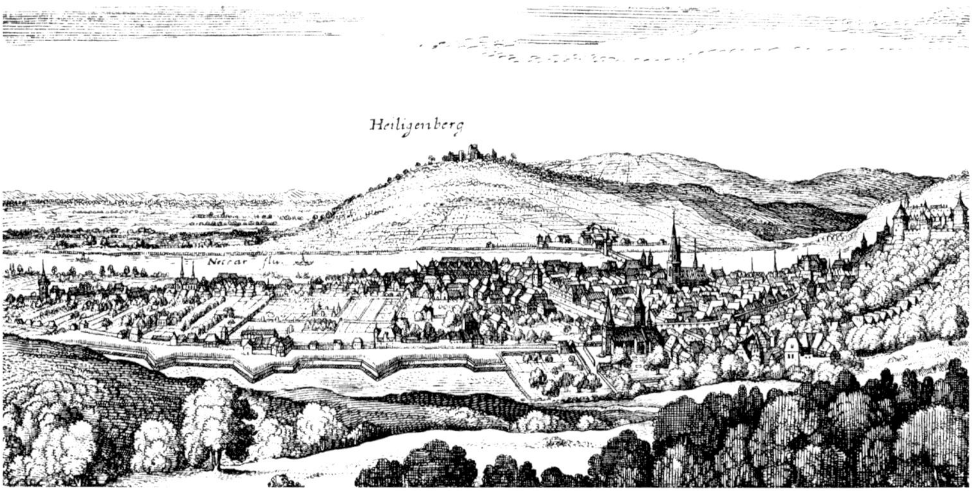

Blick auf das brennende Heidelberg, anonyme Radierung, 1689.

2. März 1689
General Ezéchiel Comte de Mélac (1630–1704) erhält den Befehl, Heidelberg bis auf die Grundmauern zu zerstören. Neckarbrücke und Befestigungsanlagen des Schlosses werden gesprengt, 34 Häuser werden völlig zerstört, darunter das Rathaus und der Sickinger Hof.

1690–1716
Regierungszeit Kurfürst Johann Wilhelms (genannt „Jan Wellem") – Der Kurfürst regiert in Düsseldorf, lässt aber den Hortus Palatinus wiederherstellen.

19.–24. Mai 1693
Zweite Eroberung Heidelbergs durch die Franzosen; die Stadt wird willkürlich niedergebrannt und ist am Ende fast völlig unbewohnbar. Die Bewohner werden aus Heidelberg vertrieben, das Schloss wird gesprengt. Nahezu alle Einrichtungen der Universität (außer dem Archiv) werden zerstört. Die Lehrveranstaltungen werden erst 1703 wieder aufgenommen.

20./29. September 1697
Friede von Rijswijk zwischen Frankreich, Eng-

land, den Generalstaaten und Spanien beendet den Pfälzischen Erbfolgekrieg.

1716
Nach dem Tode Kurfürst Johann Wilhelms folgt bis 1742 dessen Bruder Kurfürst Carl Philipp, der zunächst von Neuburg/Donau aus regiert.

18. August 1718 übersiedelt der Kurfürst nach Heidelberg.

Friedrich Rottmann (1768–1816): Heidelberg vom Neuenheimer Ufer, Umrissradierung mit Aquarell und Deckfarben, um 1800. – Ein Beispiel für das Heidelberg der Romantik.

12./14. April 1720
Residenzverlegung infolge des Heidelberger Kirchenstreits durch Kurfürst Carl Philipp nach Mannheim

1728
Unter Kurfürst Carl Philipp entsteht das dritte große Fass.

1742–1799
Regierungszeit des Kurfürsten Carl Theodor

1764 vernichtet ein Blitzschlag das Schloss.

1778 werden Bayern und die Kurpfalz wiedervereinigt – Kurfürst Carl Theodor verlegt die Residenz von Mannheim nach München.

23. September 1779 besucht Johann Wolfgang Goethe (1749–1832) zum vierten Mal Heidelberg und das Schloss.

1788 wird die Alte Brücke eingeweiht.

Ende 1793
Besetzung der linksrheinischen Pfalz durch die Franzosen

9. Februar 1801
Friede von Lunéville. Frankreich behält das linke Rheinufer zwischen Basel und Andernach endgültig; Annerkennung des Rheins als Grenze durch das Reich; die Universität Heidelberg verliert alle ihre Güter links des Rheins.

Achim von Arnim; Clemens Brentano: Des Knaben Wundehorn, 1806. Gestochener Titel des Erstdrucks von 1806 – Bereits am 21./22. Januar 1806 erscheint zum ersten Band J.W. Goethes Rezension in der Jenaischen Allgemeinen Literatur-Zeitung. Die Sammlung von Volksliedtexten umfasst drei Bände.

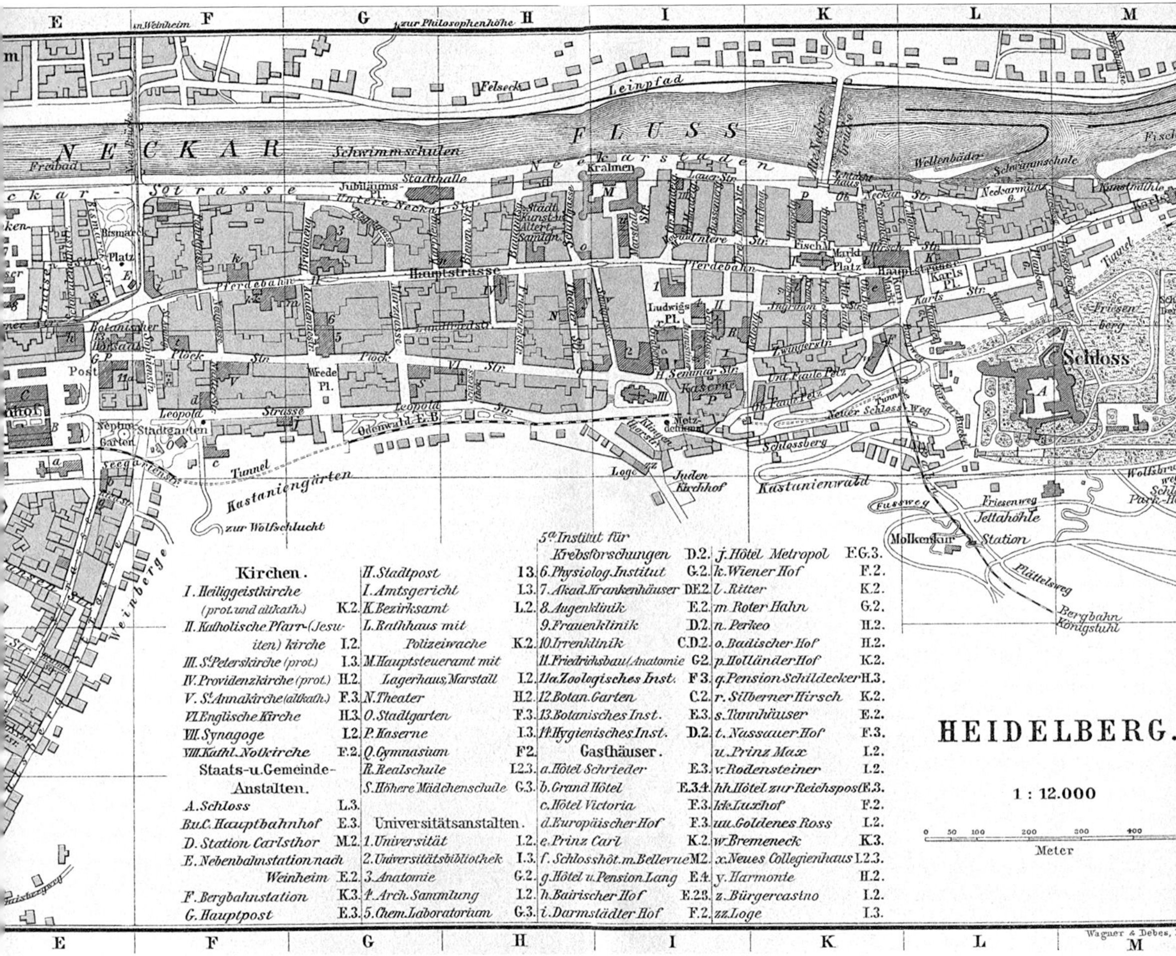

Stadtplan von Heidelberg (Ausschnitt), um 1910.

Die Alte Brücke nach ihrer Zerstörung 1945.

23. November 1802
Abtretungspatent Maximilian Josephs, Kurfürst von Pfalz-Bayern. Die rechtsrheinische Pfalz fällt an Baden; Ende der Kurpfalz

Am 27. Juni 1803 zieht Kurfürst Karl Friedrich von Baden in Heidelberg ein.

April–August 1808
Gemeinsame Wohnung Clemens Brentanos (1778–1842) mit Achim von Arnim (1781–1831) in Heidelberg

4. Oktober 1810
Der französische Emigrant Louis Charles François Comte de Graimberg kommt nach Heidelberg und beginnt bald darauf mit der Konservierung der Schlossruine.

November 1810
Die Brüder Sulpiz und Melchior Boisserée aus Köln sowie ihr Freund Johann Baptist Bertram (1776–1841) mieten drei Zimmer im oberen Stockwerk des Sickinger Hofes (Palais Boisserée) in der Hauptstraße. Bis 1819 befindet sich hier ihre Gemäldesammlung mit mehr als 200 altdeutschen und altniederländischen Tafelgemälden.

Am 5. Juni 1815 ziehen Kaiser Franz I. von Osterreich, Zar Alexander I. von Russland, König

Friedrich Wilhelm III. von Preußen und Kronprinz Ludwig von Bayern in Heidelberg ein; Gedanke der Heiligen Allianz

14. Juni 1815
Festliche Beleuchtung der Heidelberger Schlossruine, des Schlossgartens und der Neckarbrücke mit Holzfeuern zu Ehren der anwesenden Monarchen.

1825 erwerben der Frankfurter Advokat, Privatier und kaiserliche Rat Johann Friedrich Heinrich Schlosser (1780–1851) und seine Frau Sophie du Fay das ehemalige Kloster Neuburg; Schlosser, ein Freund Goethes, baut das Gebäude zu einem gesellschaftlichen Treffpunkt für Literaten, Musiker und Kunstfreunde aus.

1839
Zählung der Heidelberger Bevölkerung (einschließlich der Studenten, der Bewohner Schlierbachs, des Kohlhofes und des Kümmelbacher Hofes) 13 300 Personen darunter 7 319 Evangelische, 5 057 Katholiken, 10 Mennoniten, 284 Juden und 630 Studenten.

1839
Charles de Graimberg erwirbt ein Haus am Kornmarkt und richtet dort ein Museum ein.

12. September 1840
Eröffnung der erste Eisenbahnverbindung in Baden: Abschnitt Mannheim-Heidelberg

5. März 1848
Versammlung von Politikern in Heidelberg, die die Einberufung einer deutschen Nationalversammlung beschließen.

29./31. Mai 1860
Dreitägiger Besuch des Großherzogs Friedrich und der Großherzogin Luise von Baden in Heidelberg; erste offizielle bengalische Beleuchtung von Schloss und Brücke

1886
Anlässlich des 500-jährigen Universitätsjubiläums errichtet Josef Durm (1837–1919) eine rund 5 000 Personen fassende Festhalle am Standort der späteren Stadthalle.

1890
Eröffnung der Heidelberger Bergbahn

1891 tagt eine Kommission von Fachleuten aus Deutschland zum möglichen Wiederaufbau des Heidelberger Schlosses.

1901 plädiert der Kunsthistoriker Georg Dehio (1850–1932) in seinem Buch „Was wird aus dem

Heidelberger Schloss werden?" für den Erhalt der Ruine des Ottheinrichsbaues und formuliert den maßgeblichen Grundsatz der Denkmalpflege „Konservieren, nicht restaurieren".

1907
Fund des „homo heidelbergensis" in Mauer bei Heidelberg

1945
Am 29. März 1945 werden drei Bögen der Alten Brücke gesprengt. Bis zum Kriegsende fallen statt Bomben Flugblätter der US-amerikanischen Streitkräfte auf die Stadt mit den Worten „Heidelberg werden wir schonen, denn dort wollen wir einmal wohnen".

1955
Einweihung des neuen Hauptbahnhofes

1957 wird das Deutsche Apotheken-Museum im Heidelberger Schloss eröffnet.

Ab 1960 entsteht der neue Stadtteil Boxberg, ab 1970 folgt im Anschluss an die Boxbergsiedlung der Stadtteil Emmertsgrund.

1961
Anstelle der alten Bahnhofsanlagen wird der nach seinem Architekten benannte Menglerbau eingeweiht, Heidelbergs erstes Wohnhochhaus der Innenstadt.

1978 wird die Hauptstraße als wohl längste Fußgängerzone Europas mit 1,6 Kilometern Länge fertig gestellt.

1994
Fertigstellung der Neuen Synagoge

Bilder erzählen vom alten Heidelberg

Die folgenden Seiten entführen den Leser in das alte Heidelberg, die „‚stehengebliebene' Stadt", wie Geno Hartlaub (1915–2007) Heidelberg in ihrem Merian-Beitrag 1949 nannte. Doch will der Band mehr sein, als eine bloße Bestandsaufnahme des Ist-Zustandes der nahezu unzerstörten Stadt in den Bildern der Vorkriegszeit. Gegliedert nach den aktuellen Stadtbezirken beginnt der „Rundgang" an Heidelbergs Wahrzeichen schlechthin– dem Schloss und führt durch den legendären „Hortus Palatinus", an der Scheffelterrasse mit ihrem markanten Ausblick vorbei zum Schlosshotel hinunter in die die Altstadt, die einen Schwerpunkt des Buches bildet. Unter die bekannten wurden weniger bekannte Ansichten gemischt von Häusern, die der wachsenden Stadt im Wege standen und an die einzig wenige Fotos erinnern, die zudem aus dem kollektiven Gedächtnis geschwunden sind. Es gilt alte Stadttore, wie das 1856 abgebrochene Mannheimer Tor, das Findelhaus oder das Augustinerinnenkloster auf dem Baugrund der Universitätsbibliothek und ihre architektonische Schönheit wiederzuentdecken bis hin zu Orten wie dem legendären Kinotheater Capitol im Stadtteil Bergheim mit seiner „Eukalyptusorgel". Schmerzvoll ist mancher Blick zurück auf heute Verlorenes und erinnert daran, dass nur dem Wandel Beständigkeit beschieden ist.

Alt-Heidelberg, Blick von der Altstadt zum Schlosshotel von Westen, 1881.

I. Altstadt

Schloss

Die erste Erwähnung einer Burg in Heidelberg findet sich im Jahr 1225 („castrum in Heidelberg cum burgo ipsius castri"). Konrad von Hohenstaufen, der Bruder Kaiser Friedrich Barbarossas, hatte zuvor die rheinfränkischen Gebiete aus dem Erbe seines Onkels Hermann von Stahleck und seiner Tante Gertrud von Schwaben erhalten und Heidelberg vermutlich mit einer ersten Burg ausgebaut. Die aus dem Hause

Blick auf das Schloss von der Molkenkur, um 1910.

Blick von der Scheffelterrasse auf die östliche Front des Schlosses, um 1890

Das Schloss von Norden (Neckarseite) in den 1930er Jahren

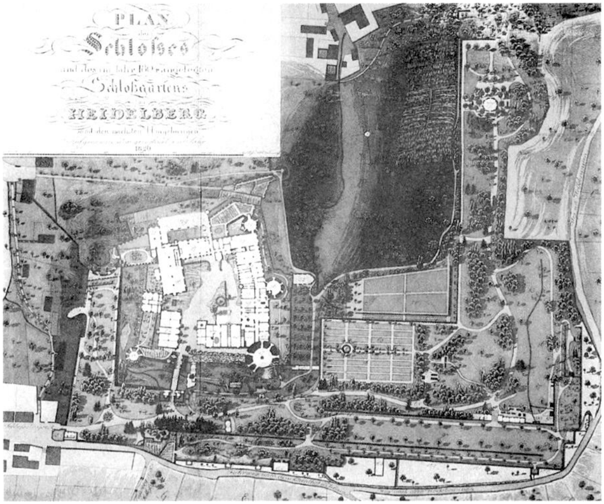

„Plan des Schlosses und des im Jahr 1804 angelegten Schloßgartens zu Heidelberg sammt [!] den nächsten Umgebungen. Aufgenommen und gezeichnet im Jahr 1826." – Den Plan zeichnete Johann Metzger, der 1829 mit seiner „Beschreibung des Heidelberger Schlosses und Gartens" die erste ausführliche Beschreibung dazu vorlegte. Neben den Texten lieferte Caspar Rordorf 24 in Aquatinta gestochene Kupfertafeln, mit denen Metzgers Werk aufwendig illustriert wurde. Metzgers Werk gehört zu den ganz frühen, die sich über die wissenschaftliche Forschung dem Schloss und seiner Geschichte nähern. Damit begann zugleich der Auftakt das Schloss samt Garten als wissenschaftliches Studienobjekt zu betrachten und das kunsthistorische Interesse daran zu wecken.

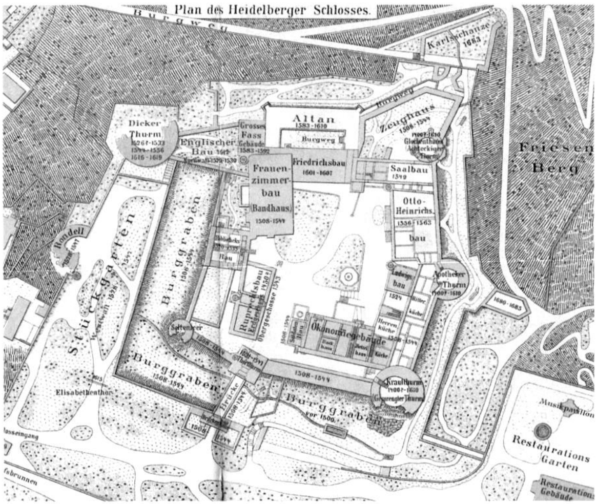

In den mehrfach aufgelegten und von H. Henkenius um 1910 neu bearbeiteten „Wegweiser durch Heidelberg und seine Umgebung, das Neckartal und die Bergstraße" ist der Grundriss des Schlosses zweifarbig enthalten und recht detailreich beschrieben. Zwar fehlt die Detailtreue der Koch-Seitzschen Bauaufnahme von 1891, doch ist es neben der detaillierten Beschreibung des Büchleins möglich, die Schlossanlage mit dem Plan in der Hand zu durchstreifen und die Entstehungszeit der einzelnen Bauteile nachzuvollziehen.

Wittelsbach stammenden Pfalzgrafen bei Rhein beerbten die Staufer. Ihr erster Vertreter war Pfalzgraf Ludwig I. 1303 verzeichnete Urkunde gleich zwei Burgen, deren obere sich auf dem Kleinen Gaisberg (Molkenkur) und die untere

Erst nachdem man das zu Beginn des 16. Jahrhunderts erbaute Brückenhaus passiert hatte, gelangte man über die Brücke des Hirschgrabens zum 40 Meter hohen Torturm. Moritz Lechler hat ihn 1531 bis 1541 während der Regierung Ludwigs V. geschaffen. Unter der Durchfahrt liegt das zehn Meter hohe dunkle Burgverlies, dessen Zugang nur von oben mittel Seilwinde bzw. Leitern erfolgen konnte. Bewacht wird der Torturm über der Einfahrt von den beiden Torriesen (Foto um 1910), weswegen der als einziges Bauwerk unzerstört gebliebene Turm auch Riesenturm genannt wird. Die von beiden flankierte zentrale Sandsteintafel enthielt einstmals das kurfürstliche Wappen.

Mit dem Blick des Augsburger Kupferstechers Johann Ulrich Kraus (1655–1719) in den Innenhof des Schlosses um 1683 gelang eine treffliche Momentaufnahme des Bauzustandes unter Kurfürst Karl II. (1651/1680–1685). Äußerlich sind die Schäden des Dreißigjährigen Krieges beseitigt. Dazu gehörten die neue prächtige Scheinarchitektur des Frauenzimmerbaues (links) ebenso, wie die neue aufgebrachten Dächer über dem Gläsernen Saal- und dem Ottheinrichsbau samt den beiden Zwerchhäusern. Adolf von Oechelhaeuser bemerkte in seinem Führer durch „Das Heidelberger Schloss“ von 1913 treffend: „alles eitel Pracht und Herrlichkeit, ein Herrschersitz würdig des stolzen Geschlechtes, das hier oben hauste“.

sich auf dem Jettenbühl befand. Die untere wurde zur Keimzelle des Heidelberger Schlosses. Diese Burg entstand der jüngeren Forschung zufolge in der ersten Hälfte des 13. Jahrhunderts. Diese Burg blieb als Wehranlage mit Bergfried und Schildmauer im Kern bis heute erhalten, wobei der Bergfried im Bereich des Gesprengten Turmes vermutet wird.
Zu den frühen Darstellungen des Schlosses gehört die Ansicht Sebastian Münsters aus dem „Kalendarium hebraicum" von 1527. Sie liefert einen Eindruck von dem weit über der Altstadt 205 Meter hoch gelegenen Stammsitz der pfälzischen Wittelsbacher. Ihr Stammvater Rudolf I. (1274/1294–1319) hatte am 1. September 1294 die Tochter des deutschen Königs Adolf von Nassau (reg. 1292–1298) geheiratet, sein Bruder stieg 1328 zum deutschen Kaiser Ludwig der Bayer (reg. 1314–1347) empor und Rudolfs gleichnamiger Sohn wurde als Rudolf II. (1306/1329–1353) erster pfälzischer Kurfürst. Dem neuen Rang gemäß verlangte die Stellung nach einem geeigneten Repräsentations- und Wohnbau. So entstand ein fast quadratischer Innenbereich mit zwei umgebenden Mauerringen, die an der Ost-, Süd- und Westseite von einem tiefen Graben (Zwinger) getrennt waren. Sowohl im Ruprechts-, Ludwigs-, Gläsernen Saal- und Frauenzimmerbau finden sich noch Bauteile dieser Zeit. Mit Ruprecht III. (1352/1400–1410) erlangte ein Kurpfälzer erstmals kurzzeitig Königswürde. Zu Beginn des 16. Jahrhunderts vollzog sich unter den Kurfürsten Friedrich dem Siegreichen (1427/1451–1476) und Ludwig V. (1478/1508–1544) der Wandel der Burg zur Festung. Dabei entstanden Dicker Turm und Torturm und der „Seltenleer" genannte Turm in der Südwestecke. Die Kurfürsten Friedrich II. (1482/1544–1556) und Ottheinrich (1502/1556–1559) widmeten sich mehr und mehr der dekorativen Aufwertung der sich zum Schloss wandelnden Anlage. Friedrich IV. (1574/1583–1610) suchte mit dem nach ihm benannten Friedrichsbau ein Denkmal für die Ahnen und Demonstrationsobjekt seiner Herkunft zu schaffen. Unter seinem Sohn Friedrich V. (1596/1610–1632) endete der Aufstieg jäh, als er 1619 die Wahl zum böhmischen König annahm. Heidelberg verdankt ihm neben dem Englischen Bau vor allem den berühmten „Hortus Palatinus". In der Folge geriet das Schloss mehrfach in die Mühlen der Geschichte, erlebte Zerstörungen im Dreißigjährigen und im Orléansschen Krieg und geriet durch Blitzschlag 1764 vollends zur Ruine. Als im 19. Jahrhundert allzu eifrige „Restauratoren" versuchten die Anlage als Nationaldenkmal komplett wiederzuerrichten, stellte der berühmte Kunsthistoriker Georg Dehio dem Ansinnen seinen später vielzitierten Satz „Konservieren, nicht restaurieren" entgegen.

Adolf von Oechelhaeuser konnte sich des Eindrucks nicht erwehren, „dass die Verschiedenheit der äußeren Ausstattung, der Größenverhältnisse, der Stilarten, des Materials damals stärker und störender" hervortrat, wie es um 1890 (Foto) der Fall war, als die Momentaufnahme in gleicher Richtung entstand. Tatsächlich steigerten die isolierten wiederaufgebauten Teile wie der Friedrichsbau die angrenzenden Ruinen nicht unerheblich, die nun von wildem Wein umrankt wie verwunschene Bauten aus anderer Zeit wirken mussten, wie der Blick auf den Gläsernen Saalbau und das üppige Grün vor dem Ottheinrichsbau zeigt.

Blick auf den Soldatenbau mit der Brunnenhalle (links), den Torturm und den Ruprechtsbau (rechts), um 1900.

Ruprechtsbau
Der nach Kurfürst Ruprecht III./König Ruprecht I. (reg. 1400–1410) benannte Ruprechtsbau gehört zu den ältesten Bauteilen des Schlosses. Ruprechts Wappen – der Reichsadler mit pfälzischem Löwen und bayerischen Rauten – ziert die langgestreckte Fassade zum Torturm. Das Wappen wird dem berühmten Frankfurter Baumeister Madern Gerthener (um 1360–1430) zugeschrieben, der vermutlich auch den Ru-

Unter Ludwig V. entstand der Bibliotheksbau, der seinen Namen der hier zeitweilig aufgestellten „Bibliotheca Palatina“ verdankt. Neben ihr diente der Bau auch dem Archiv, der Schatzkammer und der Münzstätte als Unterbringungsort. Einzig das Erdgeschoss besitzt heute noch unzerstörte Räume. Die Wände des Bauwerks weisen im Erdgeschoss eine Stärke von drei Metern, im obersten Geschoss noch eineinhalb Metern auf. Im Orléansschen Krieg wurde das Gebäude, hier mit Blick auf den gotischen Erker (um 1900) vollständig zerstört.

Die Bauaufnahme von Julius Koch (1852–1913) und Fritz Seitz (1851–1929) zeigt den Querschnitt des Baues von Osten nach Westen im Jahr 1891. Vier 4,60 Meter hohe, kreuzgewölbte Räume prägten das Erdgeschoss. Darüber befand sich ein 6,60 Meter hoher großer Saal, der die eigentliche Bibliothek barg. Der Stumpf einer Säule und die Gewölbeansätze in den Ecken sind die letzten Reste der einstigen vier Sterngewölbe, die den Raum überspannten. Darüber befand sich ein weiteres 4,20 Meter hohes gewölbtes Stockwerk. Zum Schlosshof trat es durch den zierlichen gotischen Erker in Erscheinung, dessen Sterngewölbe erhalten blieb.

Die so genannte Fasskapelle bildet das oberste Stockwerk des dreigeschossigen Fassbaues. Charakteristisch sind die vier Sterngewölbe, die auf einer Mittelstütze ruhen. Von seiner Funktion her diente der saalartige Raum als Anrichte für den Königssaal im Frauenzimmerbau. Mittels einer Pumpleitung gelangte der Wein aus dem Großen Fass unter der Fasskapelle nach oben und konnte hier abgefüllt und ausgeschenkt werden. Oberhalb der Fasskapelle befand sich ursprünglich ein Altan mit umgebendem Brüstungsgeländer.

Zu den besonders exponierten Gebäuden gehörte der an den Englischen Bau anschließende Dicke Turm, hier auf einer alten Ansichtskarte aus der Zeit um 1900. Seinen Namen verdankte er seiner Mauerstärke von bis zu sieben Metern. Der unter Kurfürst Ludwig V. 1533 entstandene Turm maß rund 40 Meter Höhe. Sein oberstes Geschoss, dessen Südansicht vom Stückgarten her zu sehen ist, hatte Kurfürst Friedrich V. 1619 als nunmehr sechzehneckiges Geschoss neu gestalten lassen und einen Fest- und Speisesaal hinzugefügt. Hier fanden zeitweilig Theateraufführungen statt. Auf die beiden Herrscher weisen zwei 1619 aufgestellte Sandsteinstatuen zu beiden Seiten einer ebenfalls 1619 angebrachten Inschrifttafel hin, die über den Bau und Umbau des Turmes Auskunft gibt.

prechtsbau selbst errichtet hat. Von seiner Funktion her diente der Ruprechtsbau Repräsentationszwecken. Ludwig V. ließ das Gebäude 1543 durch Moritz Lechler massiv aufstocken und einen Treppenturm an der Westseite anfügen. Das Mauerwerk führte Lechler in Bruchstein mit teilweiser Verwendung von Backstein aus, das anschließend verputzt wurde. Eine einfache Spitzbogentür führt ins Innere. Sie bekrönt ein ebenfalls Gerthener zugeschriebener Bogenschlussstein. Dieser zeigt zwei einen Rosenkranz haltenden Engel, in dem sich ein Zirkel befindet. Das Innere ist teilweise erhalten, darunter der von Gerthener geschaffene so genannte Rittersaal samt seinem tief herunter gezogenen Kreuzgratgewölbe. Die Schlusssteine zeigen die Wappen von Kurpfalz, Scheyern/ Wittelsbach, von England und der Burggrafen von Nürnberg. Erhalten blieb ferner ein Prunkkamin von 1546 mit reichem ornamentalen und figürlichen Dekor, den Friedrich II. während seiner Umbauarbeiten einbauen ließ. Der prachtvolle Renaissancekamin wird Conrad Forster zugeschrieben und befand sich ehedem wohl im Speisesaal des zerstörten ersten Obergeschosses.

Großes Fass

Das Große Fass im Fasskeller ist wohl eine der größten Attraktionen des Heidelberger Schlosses. Das Ur-Fass war unter Johann Casimir dem Vormund des späteren Kurfürsten Friedrich IV. entstanden. Geschaffen hat es 1591 Michael Werner aus Landau. Dieses erste Fass hatte ein Fassungsvermögen von 130 000 Litern. Unter Kurfürst Carl Ludwig, dem Vater Liselottes von der Pfalz, wurde dieses erste Fass von Hofkellermeister Meyer durch ein größeres mit 200 000 Litern Inhalt ersetzt. Kurfürst Carl Philipp ließ es 1728 ausbessern und anlässlich seines Namenstages am 1. Mai 1728 wieder mit Pfälzischem Landwein füllen.

Fasskeller mit Großem Fass und Holzstatue des Hofnarren Perkeo, 1896

Zu den immer wieder skizzierten, gemalten oder fotografierten Orten des Schlosses gehört der Gesprengte Turm, der auch als Pulver- oder Krautturm bekannt wurde und mit der Bezeichnung Kraut gleich auf seinen explosiven Inhalt hinwies. Seine Anfänge deuten auf den Hauptturm der ersten Burganlage hin. Kurfürst Friedrich IV. fügte später ein achteckiges Geschoss mit Kuppeldach hinzu. Seinen Namen Gesprengter Tum erhielt das Gebäude nach 1693, als etwa ein Drittel der Mauerschale in den Hirschgraben hinabstürzte und vor allem im 18. und 19. Jahrhundert Besucher wie Goethe zu philosophischen Betrachtungen oder malerischen Ansichten anregte. Um 1900 geriet der Turm zum beliebten Postkartenmotiv mit romantischen Studentenszenen.

Blick vom Schlosshof durch die Fenster des Ottheinrichsbaues in den Kaisersaal Mitte der 1930er Jahre. Dieser Raum in dem rund vier Meter über dem Boden gelegenen Erdgeschoss des Palastes diente als Hauptfestsaal und wurde unter Kurfürst Carl Ludwig als Kaisersaal bezeichnet. Der rund 250 Quadratmeter große Saal erhielt erst nach dem Zweiten Weltkrieg ein Dach. Von der bauzeitlichen Ausstattung blieben neben den Mittelstützen, die die sechs flachen Kreuzgewölbe trugen, auch die prachtvollen Türgewände des Erdgeschosses erhalten. Sie sind mit Fruchtschnüren, Trophäen, Blatt- und Ringelwerk verziert, die auf das Feinste herausgearbeitet wurden. Geschaffen hat sie der aus Mecheln stammende niederländische Bildhauer Alexander Colin (1526–1612).

Der unter Kurfürst Friedrich II. entstandene Gläserne Saalbau (Ansicht um 1900) von 1549 schließt nördlich an den Ottheinrichsbau an und verdankt seinen klingenden Namen dem einst im obersten Stockwerk befindlichen Festsaal, dessen Wände kostbares venezianisches Spiegelglas schmückten. Heute sind nurmehr der Keller sowie drei der ehemals vier Arkadenstellungen zum Schlosshof erhalten, während der eigentliche Innenraum komplett ausgebrannt ist. Die vierte, hölzerne Galerie hatte erst Kurfürst Carl Ludwig herstellen lassen. An den einstigen Festsaal erinnert noch ein nach Osten zum Friesental hin ausgerichteter Erker. Das Gebäude hatte im Dreißigjährigen- und Orléanschen Krieg Beschädigungen erlitten und wurde unter Kurfürst Johann Wilhelm notdürftig wiederhergestellt. Als Schöpfer des Raumes, dessen gewölbte Holzdecke reicher Stuck überzog und die bis in den Dachraum hineinragte, wird Hans Engelhardt vermutet († 1573).

Das heute noch vorhandene historische Fass ließ Kurfürst Carl Theodor herstellen, dessen Wappenkartusche mit seinen Initialen „CT“ samt bekrönendem Kurhut die Stirnseite schmückt. Fassbauer Engler hat es 1750/51 mit einem noch größeren Inhalt von 221 726 Litern hergestellt. Der umgebende Fassbau war mit dem ersten Fass 1591 unter Johann Casimir über den Resten eines einstigen Eckturmes geschaffen worden und vom Hof aus nicht sichtbar. Die gotischen Maßwerkfenster, die infolge der Errichtung des Altan- und Englischen Baues wieder zugemauert wurden, ließen den dreigeschossigen Fasskeller auffallend altertümlich erscheinen, zumal bereits die Renaissance Einzug gehalten hatte. Das 9,67 Meter hohe Mittelgeschoss nahm nach seiner Fertigstellung das Große Fass auf. Dieses Fass wird noch immer vom kurfürstliche Hofnarren Clemens Perkeo (Pankert) bewacht, dessen Holzfigur zum festen Inventar des Fasskellers gehört. Kurfürst Carl Philipp hatte den einstigen Tiroler Knopfmacher zum „Ritter und Kammerherrn des Fasskönigs“ geschlagen.

Ottheinrichsbau

Mit dem zwischen 1556 und 1566 unter Kurfürst Otto Heinrich errichteten Ottheinrichsbau entstand der größte Palastbau des Schlosses und zugleich eines der wichtigstes profanen Zeugnisse der Architektur der deutschen Renaissance. Das dreigeschossige Gebäude wird durch eine zweiläufige Rampentreppenanlage sowie ein zentrales triumphbogenartiges Portal erschlossen. Als der Kurfürst 1559 verstarb, war der Bau noch nicht unter Dach. Erst 1562 bis 1566 erfolgte der Innenausbau. Als Architekt wird Hans Engelhard vermutet. Den reichen ornamentalen und skulpturalen Schmuck der aus rotem Sandstein errichteten Fassade schuf der aus Mecheln stammende Alexander Colin. Der Bauherr nahm großen Einfluss auf den Entwurf und das umfangreiche figürliche Programm. In der unteren Reihe sind links vom Hauptportal Josua und Simson, rechts davon Herkules und David dargestellt. Die vier Standbilder des Erdgeschosses werden durch Konsoleninschriften – Verse in gotischen Buchstaben – erklärt. Die Figuren des ersten Obergeschosses symbolisieren Stärke, Glaube, Liebe, Hoffnung und Gerechtigkeit und stehen stellvertretend für die Tugenden eines christlichen Herrschers. Nicht zufällig ist die Liebe „Caritas“ ins Zentrum gerückt, gilt sie doch der Liebe des Herrschers zu seinen Untertanen. Unter der Caritas findet sich das Relief des Bauherrn mit der Wappentafel und darunter befindlicher Inschrift: „Ott Hainrich von Gottes gnaden Pfaltzgraf bei Rhein. Des heyligen Römischen Reichs Ertzdruchseß und Churfürst. Hertzog in Nidern und Obern Baiern.“ Die Figurenreihe des zweiten Obergeschosses zeigt die antiken Götter Saturn, Mars, Venus, Merkur und Luna. Hinzu gesellen sich Sol und Jupiter auf dem Dach, die die einstigen Zwerchgiebel zierten. Typisch für die Gestalt des Ottheinrichsbaues ist die Überlagerung von Einflüssen aus Nord- und Südeuropa. Pläne Karl Schaefers den Ottheinrichsbau Ende des 19. Jahrhunderts ähnlich dem Friedrichsbau wiederaufzubauen führten zu einer heftigen Diskussion in der Fachwelt. Im Jahr 1900 fand der heute wohl prominenteste Vater der modernen Denkmalpflege Georg Dehio deutliche Worte: „Wir wollen unsere Ehre darin suchen, die Schätze der Vergangenheit möglichst unverkürzt der Zukunft zu überliefern, nicht ihnen den Stempel irgendeiner heutigen, dem Irrtum unterworfenen Deutung aufzudrücken“. 1901 fasste er seine Argumente in der Denkschrift „Was wird aus dem Heidelberger Schloss werden?“ zusammen. Am Ende setzte er sich durch.

Blick auf den Ottheinrichsbau vom Schlosshof, um 1900

Friedrichsbau

Zu den markantesten Gebäuden des Schlosses gehört neben dem Ottheinrichsbau der Friedrichsbau. Seinen Namen erhielt er nach Kurfürst Friedrich IV., unter dessen Herrschaft der prächtige Renaissancepalast zwischen 1601 und 1607 durch Johannes Schoch entstanden war. Schoch, der aus Königsbach bei Pforzheim stammte hatte 1588 bereits das Schloss Gottesaue (Karlsruhe) erbaut. In Heidelberg verwirklichte er, offenbar unter Zuhilfenahme des kurpfälzischen Hofhistoriografen Marquard Freher ein umfangreiches Figurenprogramm an der zum Schlosshof gewandten Hauptfassade, das die Ahnen des Bauherrn darstellte. Sebastian Götz vollendete den Figurenschmuck.

Friedrichsbau vom Schlosshof vor seiner Wiederherstellung, 1894

Dieser hatte nicht nur programmatischen Charakter für die eigene Familie und die Untertanen, sondern wirkte zielgerichtet gegen das Haus Habsburg. Durch die mit Karl dem Großen beginnende und bis zu Friedrich IV. reichende

Die 23 Meter lange, über elf Meter breite und gut zehn Meter hohe Schlosskapelle nimmt das komplette Erdgeschoss des Friedrichsbaues ein. Ihre Fundamente reichen bis in 14. Jahrhundert zurück. Als sie vom Einsturz bedroht schien, wurde sie unter Ludwig VI. abgebrochen und neu errichtet, wobei das östlich anschließende Haupttor des Schlosses entfernt wurde. Den zweigeschossigen beidseitig von Galerien gesäumten Raum überspannen flache gotische Sterngewölbe. Die Holzbalustraden der Emporen entstanden mit den beiden Fürstenlogen, der Kanzel (Abbildung) und dem Hochaltar unter Kurfürst Johann Wilhelm. Das Altarbild mit einer Darstellung der Taufe Christi stammt von dem Niederländer Jans Anton Schoon.

Den Zugang zur Empore stellte eine steinerne Wendeltreppe an der Nordseite unter der Orgelempore her, hier in einer Ansicht vor der Instandsetzung des Raumes zur Jahrhundertwende. Trotz Verwüstung der Kapelle durch die französischen Truppen 1689 und den Brand des Schlosses 1764 blieb dieser Teil des Friedrichsbaues erhalten. Erst unter dem 1895 von der badischen Regierung beauftragten Architekten Karl Schaefer (1844–1908) wurde dieser Teil samt der Architektur der Kapelle überformt, bis hin zu den Zwickelmalereien der Gewölbe.

Im Rahmen des Auf- und Ausbaues des Friedrichsbaues schuf Schaefer zwischen 1898 und 1903 die neuen Prunkräume. Sie bestehen aus den beiden zum Schlosshof hin gelegenen Galerien/ Korridoren des ersten und zweiten Obergeschosses und jeweils vier Sälen, die allesamt im Stil der Neorenaissance gestaltet sind (Abbildung: Korridor im ersten Obergeschoss, um 1910). Es handelte sich durchweg um Neuschöpfungen von Räumen, nicht um eine Wiederherstellung der ursprünglichen Raumdisposition. Dazu gehörte, dass man noch vorhandene Architekturdetails wie etwa einen erhaltenen Türrahmen aus dem Ottheinrichsbau als schmückendes Ornament am östlichen Ende des Korridors einbaute.

Stilpluralismus prägte die Räume – hier ein Raum des Zweiten Obergeschosses. Zu seinen Ausstattungsmerkmalen gehörten dunkle Holztüren mit schweren antikisierenden Giebelarchitekturen, aufwendig gestalteten Fußböden aus unterschiedlich eingefärbtem Stuckmarmor und reich ornamentierten Stuckdecken. An der Ausstattung wirkten namhafte Künstler und Kunsthandwerker wie die Gebrüder Himmelheber oder Karl Dauber mit. Nach ihrer Fertigstellung dienten die Räume als kulturgeschichtliches Schlossmuseum, eines der frühesten in Baden.

Ahnenreihe suchten die pfälzischen Wittelsbacher ihre älteren Herrschaftsansprüche in Stein zu manifestieren. Durch die Übernahme der Führung der protestantischen Union 1608 hatte sich Friedrich IV. an die Spitze der protestantischen Reichsstände gesetzt und geriet dadurch zum direkten Gegner des katholischen Hauses Habsburg. Die Hoffnung mit Hilfe des französischen Königs Heinrich IV. von Navarra über Habsburg zu siegen, wurde durch Heinrichs Ermordung 1610 zunichte. In vier Ebenen übereinander bot Schoch nahezu alle kurfürstlichen Vorfahren auf, indem er sie wie folgt gliederte: Ahnen (oberste Reihe), gekrönte Häupter (Reihe darunter), Mitglieder der älteren Kurlinie (dritte Reihe) sowie Mitglieder des Hauses Simmern (unterste Reihe). Rechts unten ließ sich Friedrich IV. selbst darstellen. Nicht von ungefähr „ruhen“ sämtliche Ahnen über der Schlosskapelle, die das unterste Geschoss des Friedrichsbaues einnimmt. Darüber befanden sich die Wohnräume. Nach den verheerenden Bränden im Orléanschen Krieg wurde der Friedrichsbau als einziger Teil des Schlosses wieder aufgebaut. Nach dem Brand von 1764 erhielt er ein Notdach. Zwischen 1897 und 1903 wurde der Friedrichsbau nach Entwürfen des Karlsruher Professors Karl Schaefer im Stil des Historismus erneuert.

Schlossgarten und Stückgarten

Der unter Kurfürst Friedrich V. angelegte, so genannte „Hortus Palatinus“ (Pfälzischer Garten) genoss bereits während seiner Entstehung 1613 bis 1619 europäischen Ruf. Der wohl niemals vollkommen vollendete Garten geht auf Salomon de Caus von Dieppe (1576–1626) zurück. De Caus galt als „einer der grössten Physiker seiner Zeit“ der mit seinen Erfindungen unter anderem versuchte, Wasser mittels Dampfdruck zu heben. Bereits zuvor hatte das Schloss mit dem Hasengärtlein einen vergleichsweise winzigen Garten besessen. Nun ließ de Caus die das Schloss deckenden Steilhänge des Friesenberges teilweise sprengen und das Tal bis zu einer Höhe von 70 Fuß auffüllen, um ebenes Terrain zu gewinnen. Damit schwächte er natürlich die Verteidigungsfähigkeit des Schlosses. Das Tal selbst bezog er in den Garten mit ein, indem er dort einen Tiergarten für Rehe und Hirsche anlegte. Statt militärischer Stärke sollte der Garten Friedrichs Gegnern durch seine künstlerische Gestaltungskraft und sein herrschaftliches Selbstverständnis Respekt einflößen. Bei den Zeitgenossen galt er als „achtes Weltwunder“. Jacques Fouquières berühmtes Ölgemälde von 1620 hielt den sich über drei Terrassen erstreckenden Garten für die Nachwelt fest. Es zeigt zugleich die ganze spielerische Vielfalt eines manieristischen Gartens. Das erste von drei Parterres im Winkelpunkt war als Knotenparterre

Das von Salomon de Caus 1615 geschaffene Elisabethentor am Stückgarten, im Hintergrund der Englische Bau, um 1900

gestaltet, das sich aus vier Beeten an einem Wegekreuz zusammensetzte, deren individuelles Muster aus sich überschneidenden Bändern be-

Der Ausschnitt aus Matthäus Merians 1620 entstandenem Panorama von Heidelberg ist ganz dem Schloss und dem berühmten Hortus Palatinus zugewandt. Merian gibt den Blick frei auf den Wundergarten mit seinen Terrassen, Grotten und Weihern, Teppichbeeten, Wasserkünsten und Bildwerken. Natürlich wird damit auch die Schwächung des Verteidigungssystems des Schlosses auf der Ostseite offenbar. Im Jahr als Merian den Stich schuf, befand sich der Schöpfer des Hortus Palatinus Kurfürst Friedrich V. bzw. seit 1619 böhmischer König auf der Flucht vor den kaiserlichen Truppen, die ihn am 8. November 1620 in der Schlacht am Weißen Berg besiegt hatten. Friedrich wurde aus der Pfalz vertrieben, verlor Pfälzer Kur- und böhmische Königswürde.

stand. Diese Bänder bestanden aus einer Mischung von Gewürzkräutern und Halbsträuchern wie Thymian, Majoran, Rosmarin oder Lavendel. Hinzu gesellten sich Parterres, die den neun Musen gewidmet, als Hochbeete oder Wasserparterres gestaltet waren. Kurfürst Carl Philipp begann 1719, Teile der Gartenanlage Friedrichs V. in eine barocke Form zu bringen und ließ unter anderem

Zu den Besonderheiten des „Hortus Palatinus" gehörten die Grotten, die ebenfalls der Ingenieur Salomon de Caus entworfen hatte und mit dem gesamten Garten in seinem 1620 erschienenen und dem „Winterkönig" Friedrich V., Kurfürst von der Pfalz gewidmeten Stichwerk „Hortus Palatinus a Friderico Rege Boemiae Electore Palatino Heidelbergiae Exstructus" festhielt. Teile der Großen Grotte samt dem Wasserparterre „Vater Rhein" in der Südostecke des Gartens sind heute ebenso erhalten wie Teile der Grotten-Galerie (Abbildung) und der Bäder- und Musikautomatengrotte, beide auf der schmalen oberen Terrasse.

Zu den besonderen Orten im Heidelberger Schlossgarten gehörte der Lieblingsplatz Wolfgang von Goethes im Stückgarten, an dem der Dichter in den Herbsttagen 1814 und 1815 mit Vorliebe, sinnend und dichtend geweilt habe. Anlässlich seines 150. Geburtstages am 28. August 1899 wurde ihm zu Ehren und auf Initiative des Goetheforschers Kuno Fischer (1824–1907) eine Gedenktafel errichtet, die in Gegenwart des Großherzogs Friedrich und seiner Frau Luise von Baden eingeweiht wurde. Goethe war entzückt beim Anblick der Ruine. „Ros' und Lilie morgenthaulich/ Blüht im Garten meiner Nähe;/ Hintenan, bebuscht und traulich,/ Steigt der Felsen in die Höhe;/ Und mit hohem Wald umzogen,/ Und mit Ritterschloß gekrönet,/ Lenkt sich hin des Gipfels Bogen,/ Bis er sich dem Thal versöhnet" schrieb Goethe in seinem Quartier bei den Gebrüdern Boisserée in Blickweite des Schlosses.

Bis heute ist wohl die auf künstlichen Bögen ruhende Scheffelterrasse mit ihrem Ausblick auf Altstadt, Neckar und in die Rheinebene der schönste Teil des einstigen Hortus Palatinus. Ludwig Schmieder (1884–1939) pries diese Schönheit in seinem „Führer durch Heidelberg" und beschrieb auch das ständig wechselnde Farbenspiel von diesem Standpunkt, dem sich bereits die Romantiker nicht entziehen konnten.

Auf der Großen Terrasse befand sich seit dem 11. Juli 1891 das von alten Kastanien umsäumte Bronzedenkmal Victor von Scheffels. Das Bronzedenkmal wurde 1942 zu Rüstungszwecken demontiert und eingeschmolzen. Erst 1976 schuf man rund zwanzig Meter vom ursprünglichen Platz entfernt ein neues Denkmal, das anlässlich von Scheffels 150. Geburtstag eingeweiht wurde. Statt einer Bronzeskulptur erinnert heute ein Sandsteinmonument mit Inschrift und Bronzeplakette an den berühmten Dichter und Schriftsteller. Gestiftet hat es die Burschenschaft Frankonia, deren Mitbegründer (Zweite Frankonia) Scheffel einst gewesen war.

van den Brandens Kolossalgruppe des Fliegenden Merkur aufstellen. Kurfürst Carl Theodor indes ließ viele der Kunstwerke und Dekorationen in seine Sommerresidenz nach Schwetzingen bringen, darunter auch die Innenverkleidung der Großen Grotte. 1764 ließ er den Garten roden

Blick zum Schlosshotel, um 1890

und teilweise verpachten. Erst unter Großherzog Karl Friedrich von Baden erwachte der Schlossgarten zu neuem Leben – nunmehr als vom Schwetzinger Gartendirektor Johann Michael Zeyher (1770–1843) gestalteter forstbotanischer Garten der Universität. Den dort gepflanzten Gingko Biloba pries Goethe bei seinen Besuchen.

Ein Teil des Schlossgartens nimmt der Stückgarten auf der Westterrasse des Schlosses ein. Diesen Teil hatte Kurfürst Ludwig V. zur Aufstellung von Kanonen (den so genannten Stücken) anlegen lassen. Auch den Stückgarten ließ Friedrich V. in einen vom Hortus Palatinus getrennten Lustgarten umwandeln und durch das als Triumphpforte gestaltete Elisabethtor aufwändig gestalten. Es trägt folgende lateinische Inschrift: FRIDERICVS V ELISABETAE CONIVGI. CARISS (IMAE) A(NN0). C(HRISTI). MDCXV. F(ACIENDUM). C(URAVIT) – („Friedrich V. ließ [das Tor] seiner vielgeliebten Gemahlin Elisabeth im Jahre des Herrn 1615 errichten.“)

Schlosshotel

Einen der schönsten Blicke auf Schloss und Stadt bot die Restaurant-Terrasse des Schlosshotels. Das 1875 entstandene und am Schloss-Wolfsbrunnenweg gelegene Gebäude zog als nobles Grandhotel von Beginn an prominente Zeitgenossen an. So etwa trug Richard Wagner (1813–1883) 1877 im Saal des Hotels erstmals

seinen Parsifal vor, 1878 logierte Mark Twain hier und 1883 Österreichs Kaiserin Elisabeth (‚Sisi' – 1837–1898), für deren sportliche Ambitionen eigens ein Fechtzimmer eingerichtet wurde. Neben der Kaiserin gehörten auch die Königinnen der Niederlande und Schwedens, später auch der Dirigent Wilhelm Furtwängler (1886–1954), der Komponist Richard Strauss zu den prominenten Gästen. Alle schätzten wohl die Atmosphäre des Hauses, dessen Zimmer gemäß einer Werbeanzeige der 1920er Jahre alle mit fließendem Wasser, teils mit Bädern und Telefon ausgestattet waren. Eine Besonderheit bildete ganz sicher die „Monster-Garage mit Einzelboxen für 35 Autos" in dem 1923 errichteten Nebengebäude. Zum über 12 000 Quadratmeter großen Grundstück gehörten hoteleigene Tennisplätze. Nach dem Zweiten Weltkrieg beschlagnahmten die Amerikaner das Hotel, das ab 1957 versuchte an die erfolgreiche Vorkriegsentwicklung anzuknüpfen. Zuletzt nutzte die Universität Heidelberg den mittlerweile verkauften Komplex als Internationales Studienzentrum.

Heiliggeistkirche

Die erste urkundliche Erwähnung der Heiliggeistkirche findet sich in einer Urkunde des Klosters Schönau von 1239. Dort wird das Gotteshaus als Filialkirche von St. Peter genannt.

links: Marktplatz mit Herkulesbrunnen, Krambuden und Heiliggeistkirche von Osten, 1930er Jahre

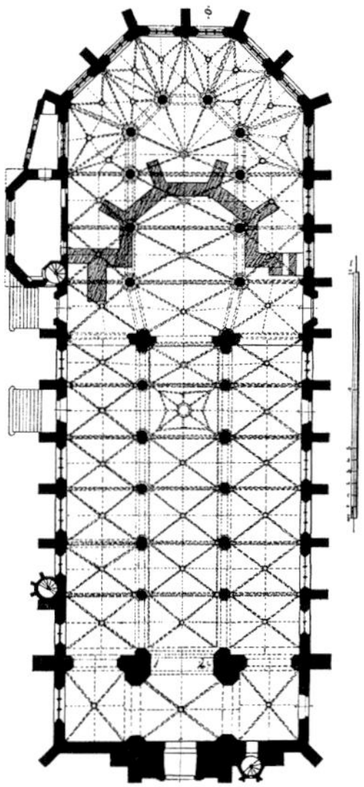

Die Heiliggeistkirche wurde als dreischiffige Hallenkirche angelegt. Im Inneren kontrastieren das dunkle Langhaus und der lichte, weite Chor. Die Besonderheit des Hallenumgangschores „liegt in der formalen Entsprechung von Polygon der äußeren Umgangsmauern und Figur des Binnenchores." (Dehio) Die im südwestdeutschen Raum ungewöhnliche Lösung schuf enorm lange Außenseiten und trug zu einer regelmäßigeren Gewölbebildung des Umganges bei. Der Chor nahm die Grablege der Kurfürsten von der Pfalz auf. Von den ehemals 54 hier aufgestellten Epitaphien blieb allein die Grabplatte des Kirchengründers nach den Zerstörungen von 1693 erhalten.

*Blickt man in das Innere der Heiliggeistkirche, hier in einer Ansicht der 1930er Jahre, so überrascht der starke Kontrast von dunklem Schiff und hellem Chorraum. Durch die starke Abgrenzung des westlichen Turmjochs besitzen Chor und Langhaus annähernd dieselbe Länge. Die Gestalt des Langhauses ist durch die teilweise gleichzeitige Nutzung als Kirchenraum und Bibliothek eher ungewöhnlich. Bis 1623 war auf den Emporen die berühmte „Bibliotheca Palatina" aufgestellt, die als damals reichste Bibliothek Europas galt und als Kriegstrophäe Tillys zunächst an den Hof Maximilians von Bayern nach München gelangte, der sie dem Papst in Rom zum Geschenk machte. Zwischen 1705–1936 trennte eine Scheidewand die simultan genutzte Kirche, wobei der Chor den Katholiken, das Langhaus den Protestanten zugeordnet wurde. 1941 nahm Otto Bartning (1883–1959) Umgestaltungen im Altarbereich vor. Zu den modernen Ergänzungen gehört unter anderem das von Johannes Schreiter (*1930) gestaltete „Physikfenster" von 1984.*

Blick auf die Platte der Grabtumba König Ruprechts und seiner Ehefrau Elisabeth von Hohenzollern, um 1410. Von der mittelalterlichen Ausstattung der Heiliggeistkirche ist nahezu nichts erhalten. Chorgestühl, Lettner, Altäre, vor allem aber die kurfürstlichen Grabdenkmäler wurden ein Opfer der Verheerungen des Jahres 1693. Dabei wurde auch die Tumba zerstört, deren 2,25 Meter hohe und 1,25 Meter breite Deckplatte bis heute erhalten blieb. Heute ist die Platte, die den Gründer der Heiliggeistkirche zeigt, am östlichen Ende des Nordseitenschiffes aufgestellt. Noch 1886 war sie in der Scheidemauer des Chores eingemauert und erhielt danach ihren Platz in der Nordwand des Chores.

rechts: Blick in die Krämergasse, eine der typischen Heidelberger Altstadtgassen mit dem Turm von Heiliggeist im Hintergrund. 1720 war im Haus Nummer 5 das katholische Schulhaus untergebracht.

Eine Parallelstraße weiter östlich findet man die Apothekergasse, die ihren Namen der zur Hauptstraße hin gelegenen Hofapotheke verdankte. Im Jahre 1375 hatte Viztum Heinrich von Erligheim das der Heiliggeistkirche gegenüber gelegene Ecksteinhaus als Erbburglehen erhalten. Schon 1403 belehnte König Ruprecht I. den Apotheker Johannes Schönthal mit dem „Steinhaus gegen den heiligen Geist über an dem Markt zu Heidelberg, das man nennet des Vitztums Haus" und den entsprechenden Privilegien. Dieses Haus wurde 1693 zerstört.

Die einstige Hirschstraße in der Altstadt hat ihren Namen längst verloren und heißt heute Heiliggeiststraße. Der Blick ist nach Westen in Richtung des Marktes und der Heiliggeistkirche gerichtet. An der linken Straßenecke befand sich bis zum Rathausbrand 1884 das namensgebende ehemalige Gasthaus „Zum goldenen Hirsch", das die Stadt Heidelberg 1871 teilweise an die Städtische Sparkasse vermietet hatte.

Die südwestliche Ecke zwischen Haspelgasse, Steingasse und Heiliggeistkirche nahm – unweit des Grünen Marktes, der Fischmarkt ein, der seinen Namen bis heute bewahrt hat. Zu den charakteristischen Gebäuden gehörte neben dem Gotteshaus das Gasthaus Goldene Glocke am Fischmarkt 1.

Zwischen 1288 und 1300 wurde dieser romanische Bau durch einen größeren gotischen ersetzt, 1353 und 1358 Altarstiftungen für einen Nikolaus- bzw. Katharinenaltar erwähnt. All diese Angaben beziehen sich auf die beiden Vorgängerbauten, denn erst um 1398 legte Kurfürst Ruprecht III. (1400–10 König Ruprecht I.) den Grundstein zu einer spätgotischen Hallenkirche. Ein konkretes Datum ist nicht bekannt. Doch zielte der neue Kurfürst auf die Nutzung des Gotteshauses als Grablege. 1400 wurde es von St. Peter gelöst und zur Kollegiatstiftskirche erhoben. Als Baumeister wirkten bis zum Jahr 1423 der einer angesehenen Heidelberger Familie entstammende Arnolt Rype sowie bis 1426 als dessen Nachfolger Steinmetz Hans Marx und Steinmetzmeister Jörg bis 1439 mit. 1400 war der Hallenchor, 1441 das Langhaus vollendet. Kriegerische Verwicklungen verzögern die Vollendung des Turmes durch Lorenz Lechler (1465–1538). Erst nach 1508 wurde dieser Teil vollendet, erhielt jedoch zwischen 1698 und 1705 seinem barocken Schweifhelm samt Haube über der Laterne. Damals wurden auch das neue Kirchendach aufgebracht und die Portale barock überformt. Heute ist die Heiliggeistkirche der bedeutendste gotische Bau zwischen Oppenheim und Straßburg.

Rathaus

Fast das gesamte 19. Jahrhundert hindurch prägte J. Flémals Rathaus die Ostseite des Heidelberger Marktplatzes. Das barocke Rathaus ent-

Die unzerstörte Ostseite des Marktplatzes mit Flémals Rathausbau, um 1880

stand 1701 bis 1705 an der Stelle eines 1689 zerstörten Vorgängerbaues. Den abgerundeten Zwerchhausgiebel könnte man als Reminiszenz Flémals an seine Herkunft aus einer Lütticher Künstlerfamilie verstehen, jedoch weist die annähernd zeitgleiche bauliche Ausführung des Heidelberger Rathauses mit dem Wiener Gartenpalais Liechtenstein auf architektonische Einflüsse des Wiener Architekten Domenico Martinelli (1650–1719) hin, der sich 1699 in Heidelberg aufhielt, dem Jahr, in dem Flémal seine Rathauspläne zu Papier gebracht hatte. Für den baulichen Zierat wie das schmiedeeiserne Balkongeländer zeichnete der Heidelberger

Blick in den eingeschossigen Kleinen Rathaussaal des Rathauses Ende der 1920er Jahre. Der zwischen 1914 und 1924 neugestaltete Raum befindet sich im ersten Obergeschoss des Flémalschen Kernbaues. Zum besonderen Schmuck gehören bis heute die marmornen Büsten von bedeutenden Heidelberger Bürgermeistern des 19. und 20. Jahrhunderts sowie die architektonischen Kaminumrahmungen an der Nord- und Südwand. Heute dient der Kleine Ratssaal vor allem repräsentativen Anlässen und für Ausschuss-Sitzungen.

Auch nach Franz-Sales Kuhns Umbau blieb der Große Rathaussaal im zweiten Obergeschoss des Nordflügels erhalten. Wie ehedem die Fassade, so ist auch das Innere nach Plänen von Hermann Lender aufwendig im Stil der italienischen Hochrenaissance gestaltet. Dazu gehören neben den kostbaren Eichenholzvertäfelungen die Gemälde des Münchner Historienmalers Wilhelm von Lindenschmit (1829–1895), wie die Glasfenster des Karlsruher Kunstgewerbeschuldirektors Karl Hofacker. An der besonders aufwendig gestalteten Ostwand verewigte Lindenschmit in einem großen Lünettengemälde die Schlüsselszene, als Kurfürst Ottheinrich am 19. Dezember 1558 durch seinen Kanzler von Minckwitz dem Rektor und der Professorenschaft die neuen Universitätsstatuten überreichen ließ. Die Kunstglasfenster wurden von Stadträten und alten Heidelberger Familien gestiftet – allesamt sind der kurpfälzischen Geschichte gewidmet, den Pfalzgrafen und Kurfürsten bzw. zeigen architektonische Szenen des alten Heidelberg. Im Gegensatz dazu nahm die Dekoration der 1903 erbauten Stadthalle auf die badische Zeit Bezug.

Nach Kuhns Plänen entstanden auch die neobarocken Erweiterungen südlich des Kernbaues und zur Hauptstraße, die sich bis in die 1920er Jahre hinein erstreckten. Unter Kuhn entstanden das neobarocke Foyer samt Treppenhaus und das Trauzimmer mit seiner ovalen Kuppeldecke und den roten Marmorsäulen. Der kleine festliche Raum ist durch eine Mischung aus Gestaltungselementen des Historismus, des Jugendstils und des Neoklassizismus geprägt. Die Szenerie gewährt einen Blick auf Rathaus, Markttreiben, Hotel Prinz Carl und Schloss in den 1930er Jahren.

Neben dem Allianzwappen des Rathauses gestaltete der ungarische Bildhauer Heinrich Charrasky 1701 auch den Figurenschmuck des 1703 beim Heidelberger Bildhauer Johann Martin Laub in Auftrag gegebenen und 1705/06 vollendeten Marktbrunnens mit der bekrönenden Gestalt des Herakles. Charrasky nahm dafür den Herakles/Herkules Farnese in Rom, eine der berühmtesten Skulpturen der Antike, zum Vorbild (dessen Original befindet sich heute im Nationalmuseum von Neapel, das Heidelberger Original im Kurpfälzischen Museum). Die Statue erhebt sich auf einem Schaft inmitten eines Brunnenbeckens auf einer Säule mit vergoldetem korinthischem Kapitell. Dass die Wahl bei der Skulptur auf Herakles/Herkules fiel war kein Zufall. Damit wies die durch den Pfälzischen Erbfolgekrieg zerstörte Stadt die hochfliegenden Heidelberger Wiederaufbaupläne des in Düsseldorf regierenden Kurfürsten Johann Wilhelm zurück, da der Wiederaufbau Heidelbergs ohnehin einer Herkulesaufgabe gleichkam. Es mangelte an Allem, allem voran an sauberem Wasser.

Haus Ritter gegen Ende der 1920er Jahre

Schlossermeister Thomas Pfeterle verantwortlich. Die Pläne dazu stammen vermutlich von Franz Wilhelm (Francesco) Rabaliatti (1716–1782). Das kurpfälzische Allianzwappen über der Balkontüre (heute eine Kopie) fertigte der ungarische Bildhauer Heinrich Charrasky. Erst 1886 bis 1891 erhielt Flémals siebenachsiger Kernbau eine Erweiterung nach Plänen von Hermann Lender. Sie führten zu dem wenig einfühlsamen Nordflügel, der wenig passend im Stil der Neorenaissance an den Barockbau anschloss.

Dabei wurde das ehedem berühmte Gasthaus „Zum Hirschen" teilweise überbaut. Es war durch die Autobiographie Götz' von Berlichingens, den Briefen der Liselotte von der Pfalz, Goethes „Goetz" und nicht zuletzt durch Scheffels Rodensteinlieder bekannt und berühmt geworden. Infolge des Rathausbrandes 1908 wurde dieser Teil abermals verändert und zum Marktplatz hin mit einer neobarocken Fassade von Franz-Sales Kuhn (1864–1938) überformt, die eine Anpassung an den barocken Ursprungsbau zum Ziel hatte.

Haus zum Ritter St. Georg

Zu den wenigen Gebäuden, die die Verheerungen des Orléanschen Krieges 1693 überstanden haben gehört das der Heiliggeistkirche schräg gegenüber an der Hauptstraße gelegene

Haus zum Ritter St. Georg. Der hugenottische Tuchhändler Charles Bélier ließ es sich 1592 als Wohn- und Geschäftshaus über einem bereits vorhandenen Erdgeschoss errichten. Seinen Namen erhielt der prächtige Renaissancebau durch die über dem Giebel angebrachte Figur des heiligen Georg. Selbstbewusst ließ sich der Hausherr nebst Gattin und Kindern an der Fassade in Stein verewigen. So findet man bis heute unter dem rechten Zwillingsfenster des zweiten Obergeschosses die beiden Medaillons von ihm und seiner Frau sowie unter dem linken Zwillingsfenster die Wappen beider Eheleute in Form eines Widders (französisch belier) und zweier Fische (französisch sor) die den Mädchennamen der Ehefrau Francia Soriau widerspiegeln. Zu den Darstellungen des zweiten korrespondieren die des ersten Obergeschosses mit den Porträts der Kinder unter denen der Eltern und zur linken den beiden Widder-Darstellungen. Unbekannt geblieben ist indes der Baumeister des Hauses aus der Spätrenaissance, dessen Fassade vertikal wie horizontal stark gegliedert ist. Besonders geraten dabei die beiden Erker des ersten und zweiten Obergeschosses in den Blick, die zugleich die einstigen Hauptwohngeschosse betonten. Zum bauplastischen Schmuck gehören auch die vier Medaillons der fränkischen Könige Childebert, Theoderich, Chilperich und Childerich sowie

Blick in den so genannten Rittersaal im ersten Obergeschoss des Haus zum Ritter. Die Wand- und Deckenmalereien des zur Hauptstraße hin gelegenen Raumes entstanden in der Zeit um 1820. Mit dem westlich angrenzenden Raum war der Rittersaal durch eine barocke Flügeltür verbunden. Von der noch älteren Ausstattung blieb indes nichts erhalten.

Zu den schönsten barocken Heidelberger Bürgerhäusern gehört das Medersche Haus an der Ecke Hauptstraße/Kettengasse. Johann Adam Breunig (um 1660–1727), Architekt der Jesuitenkirche, schuf 1721 bis 1724 ein dreigeschossiges Haus mit Mansarddach, dessen eigentliche Schauseite zur Hauptstraße aus drei eng gestellten Fensterachsen mit Flach- und Hochreliefs besteht. Das mittlere Brüstungsfeld des zweiten Obergeschosses zeigt die Gestalt der heiligen Dreifaltigkeit samt einem Spruchband mit der Aufschrift: „Wer Gott verdraut, hatt wohl gebaudt". Die Muschelnische in Höhe des ersten Obergeschosses zieht mit ihrer Mariengestalt die Blicke auf sich. Geschaffen hat Matthäus van den Branden (1716–1788) die Sandsteinskulptur der Maria mit dem Kinde.

Als „Madonnenhaus" müssten ihrer Eckfiguren wegen gleic
mehrere Heidelberger Gebäude bekannt sein. Der Name ve
bindet sich jedoch ganz spezifisch mit dem Haus Traitteur a
der Nordseite des Fischmarktes. Seinen Namen verdankt da
zu Beginn des 18. Jahrhunderts an der Stelle der einstigen
Stiftspfisterei (Stiftsbäckerei) errichtete Gebäude seinem spä
teren Eigentümer, dem Baumeister der Geistlichen Admini
tration Johannes Andreas Traitteur (1752–1825), der es 17
erwarb und umbauen ließ. Fenster und Portale zieren abwechselnd Dreiecks- und Segmentgiebel. Das unter Traitteu
neu gestaltete Mittelportal ist durch eine Vase mit Zopfgehänge und Lorbeergirlanden besonders betont. Die Madonnenfigur hingegen stammt noch aus der Bauzeit. Johann An
dreas' Bruder war der kurfürstliche Hofbibliothekar Karl Theodor von Traitteur (1756–1830) in Mannheim.

Zu Ehren des Erbauers der Brücke setzten die Heidelberger ihrem Kurfürsten ein Denkmal. Geschaffen hat es der kurpfälzische Hofbildhauer Franz Conrad Linck (1730–1793) 1788 auf einem Ausbau des ersten, zur Altstadt hin gelegenen Landpfeilers. Die Standfigur des überlebensgroßen Kurfürsten, dessen Blick auf Brückentor und Stadt gerichtet ist, erhebt sich auf einem quadratischen Unterbau. Während Carl Theodor in Herrscherpose mit Kurmantel und Hermelinkragen sowie dem rechten Arm in einladender Geste gestaltet ist, säumen den Sockel die vier pfalz-bayerischen Hauptflüsse Rhein, Donau, Neckar und Mosel. Die Allegorien sind in der Art antiker Flussgötter gestaltet. Den Sockel ziert zur Frontseite hin das kurfürstliche Wappen. Zum 50-jährigen Regierungsjubiläum 1792 wurden drei weitere Marmortafeln hinzugefügt, die der Vereinigung der Pfalz mit Bayern 1777/78, dem 400-jährigen Universitätsjubiläum (1786)und dem 50-jährigen Regierungsjubiläum (1792) gewidmet sind.

die drei lateinischen Inschriften: „Si Jehova non / aedificet domum / Frustra laborant / aedificantes eam" – Wenn der Herr nicht das Haus baut, arbeiten umsonst, die daran bauen; „Persta invicta Venus'" – Bleibe stets unbesiegt, Schönheit! Und „Soli Deo Gloria" – Gott allein die Ehre. Zwischen 1694 und 1703 diente das gering zerstörte Gebäude als Interimsrathaus. Seitdem dient es wie schon nach dem Dreißigjährigen Krieg als Gasthof und Hotel „Zum Ritter".

Frühe Fotografie der Alten Brücke vom Neuenheimer Ufer mit Blick auf Schloss und Altstadt von 1881.

Carl-Theodor-Brücke/Alte Brücke

Im Gegensatz zu ihren Vorgängerbauten entstand mit der Carl-Theodor-Brücke zwischen 1786 und 1788 Heidelbergs erste Steinbrücke, die nicht nur über steinerne Pfeiler verfügte, sondern nunmehr auch steinerne Bögen erhielt. Das 1709 von Brückenhauptmann Maier errichtete Vorgängerbauwerk war zwar auch schon auf den alten Pfeilern gegründet, bestand jedoch im Oberbau nur aus Holzwerk, das infolge von Eisgang und

Im Zuge des Brückenneubaues wurde das bestehende mittelalterliche Brückentor (Neckartor) 1788 durch Mathias Maier umgestaltet. Dabei blieben die beiden 28 Meter hohen Doppeltürme aus dem 15. Jahrhundert erhalten, erhielten jedoch „welsche Hauben" an Stelle der alten Kegeldächer. Bereits 1709 bis 1711 hatte der barocke Umbau der Toranlage begonnen, die sich heute jedoch zu beiden Seiten als frühklassizistischer Torbau im Stil des Louis Seize zeigt.

Zwei Jahre nach Vollendung des Brückendenkmals für Kurfürst Carl Theodor schuf Franz Conrad Linck 1790 auf dem nach Neuenheim hin gelegenen ersten Landpfeiler das Denkmal der Pallas Athene/Minerva. Als Hinweis auf die seinerzeitige geistige und materielle Blüte der Kurpfalz umlagern den Sockel die personifizierten Allegorien der Frömmigkeit (Pietas), Gerechtigkeit (Justitia), des Ackerbaues (Ceres) und des Handels (Merkur) – komplettiert durch die vier Reliefs der Architektur, Malerei, Skulptur und der Astronomie. Darüber erhebt sich auf dem Sockel die behelmte auf ihren Schild gelehnte Statue der Göttin. Carl Theodor selbst ließ sich gern als Schützling der Pallas Athene/Minerva darstellen, schließlich galt der Kurfürst als entschiedener Förderer der Künste und Wissenschaften.

Vom Brückentor fällt der Blick auf die in die Stadt führende Steingasse und das Gebäude des „Goldenen Hecht" im Vordergrund rechts. Es diente von Beginn an als beliebtes Absteigequartier der frühen Touristen, die die Bergstraße entlang reisten. Am 12. Juli 1817 logierte hier der bekannte Dichter Jean Paul, dem die Heidelberger Burschenschafter hier eine „begeisterungsvolle Huldigung" entgegenbrachten, nachdem eine eigene Feier der neuen von der Universität an Paul verliehenen Doktorwürde durch die Studenten unterbunden worden war. So zogen die Studenten abends von der Hirschgasse über die (Alte) Brücke und ließen den beliebten Dichter hochleben.

Innen haben sich zahlreiche Künstler verewigt, wie im Goethe-Zimmer, dessen Wandbemalung von der Künstlervereinigung „Form und Farbe" gestaltet wurde. Goethe wäre hier gern zu Gast gewesen doch „in Heidelberg abends 9 ? eingekehrt in den 3 Königen, der Goldene Hecht, der vorgezogen wird, war besetzt", vermerkte er in seinem Tagebuch. Außer ihm, Schiller, Wieland und E.T.A. Hoffmann wohnten hier fast alle Vertreter der Klassik und Romantik.

Hochwasser am 27. Februar 1784 „wie ein Federballen" fortgespült wurde. Der 700 Fuß (etwa 231 Meter) lange und 30 Fuß (etwa 9 Meter) breite Neubau entstand gemäß einer Inschrift an der Nordseite des Brückentores „in zween Sommern unter der Staatsverwaltung des Freiherrn von Oberndorf und Führung Lamb. Babo wirkl. geh. Rath durch den Bauinspekt. Math. Maier [...]". Ein Übergang über den Neckar ist seit dem 13. Jahrhundert bekannt. Die vierte Neckarbrücke hatte 1400 bereits dasselbe Schicksal erlitten wie das 1784 zerstörte Bauwerk. Die Carl-Theodor-Brücke wurde in der Folge literarisch oft gepriesen und beschrieben, ob von Goethe, Clemens Brentano oder Gottfried Keller (1819–1890). Ihren heutigen Namen „Alte Brücke" erhielt sie erst, als im 20. Jahrhundert die neuen Neckarbrücken gebaut worden waren. Dem Charme und der Kunstfertigkeit der Brücke der Carl-Theodor-Zeit mit dem umgebauten Brückentor und den beiden Denkmalen kann sich bis heute kaum jemand entziehen.

Friedrich-Ebert-Geburtshaus

In der Pfaffengasse 18 erblickte der spätere erste deutsche Reichspräsident Friedrich Ebert am 4. Februar 1871 als viertes von sieben Kindern des Schneidermeisters Karl Ebert und dessen Frau Katharina das Licht der Welt. Die ersten 17 Jahre seines Lebens verbrachte er hier inmitten der Heidelberger Altstadt. Das Ebertsche Geburtshaus gehörte zu einem Gebäudekomplex Ecke Untere Straße und Pfaffengasse, der sich um einen kleinen Innenhof gruppierte. Im Seitenflügel

Blick in die Pfaffengasse mit dem Geburtshaus Friedrich Eberts (rechts), Ende der 1920er Jahre

Die Aufnahme der Großherzoglichen Baugewerkschule Karlsruhe gibt den Zustand der Gebäudegruppe Kleine Mantelgasse 25 bis 29 etwa um 1900 wieder. Die Häuser sind beispielhaft für den Wiederaufbau der zerstörten Stadt zu Beginn des 18. Jahrhunderts. Zwei oder dreiachsig entstanden sie als Traufenhäuser auf den kleinen mittelalterlichen Parzellen, wo ehedem giebelständige Bauten ein ganz anderes Erscheinungsbild geliefert hatten. Trotz der stilistischen Ähnlichkeit der neuen Bebauung mit den typischen barocken Fenstergewändern der Ohrenfenster und den Oberlichtern über den Haustüren, verstanden es die Architekten doch auch, die Fassaden unterschiedlich zu gestalten. So ist Haus Nummer 25 eines der wenigen Gebäude der Stadt mit einer Natursteinfassade. Haus Nummer 27 überrascht seit seiner Restaurierung 1995 zudem mit einem aufwendig in leuchtenden Rot- und Gelbtönen gestalteten prächtigen Innenraum des Obergeschosses. Nahezu verräterisch ist die stuckierte Decke, die die Kurfürstenkrone zeigt sowie die verschlungen Initialen „A“, und zweimal „C“,die auf ein geheimes kurfürstliches Liebesnest hinweisen könnten.

lebten die aus dem Odenwald stammenden Eltern seit 1866. Die nur über eine Seitentreppe in einer Art Zwischengeschoss liegende Wohnung maß knapp 46 Quadratmeter, bestand aus einem Zimmer, Küche und Alkoven. Die gedrückte Enge war spürbar, nicht zuletzt durch die niedrige Decke von unter zwei Metern. Von 1962 bis 1989 war sie Gedenkstätte, erst dann gelang es

Auf einem Teilgrundstück des während des Pfälzischer Erbfolgekrieges zerstörten Sinsheimer Klosterhofs ließ der Architekt Johann Jacob Rischer (1662–1755) 1711 sein Privathaus erbauen. Der Kunsthistoriker Karl Lohmeyer hat zu Beginn des 20. Jahrhunderts bereits auf die Orientierung an Genueser Vorbildern der Via Balbi hingewiesen. Sowohl die schmale dreiachsige Hauptfront zur Unteren Straße, als auch die lange Front zur Dreikönigstraße weist eine strenge Fassadengliederung auf, bei der Erd- und Mezzaningeschoss besonders betont sind. Das Innere, des im 19. Jahrhundert zeitweilig als Universitätsfechtboden genutzten Hauses verfügt bis heute über einen originellen Treppenhof. Seit 1959 dient „Haus Rischer" als Wohnheim der nichtschlagenden Studentenverbindung Stauffia.

Zu den von Johann Jacob Rischer errichteten Gebäuden gehört der 1721 bis 1724 entstandene Pfälzer Hof in der Hauptstraße 127, ein ehemaliges Gasthaus. Die Fassade des nur vierachsigen Gebäudes mit seinem Mansardwalmdach zeichnet sich durch eine reiche Pilastergliederung und Gesimsbildung aus. Sie ist wie die Fassade seines eigenen Hauses geradezu charakteristisch für den Architekten, der in seinen Bauten stets das Originelle und Dekorative betonte. Die Fassadengestaltung des Pfälzer Hofes weist auf die Rastatter Bauschule um den Architekten und zeitweiligen markgräflich-badischen Baumdirektor Domenico Egidio Rossi (1659–1715) hin, in dessen Wirkungskreis Rischer anfänglich tätig war (z. B. Erneuerung des Jesuitenkollegs Baden-Baden).

Alte Synagoge um 1895

Die Heuscheuer, seit Mitte der 1960er Jahre ein Hörsaalgebäude der Universität, steht auf den Resten des mittelalterlichen Mantelturmes. Dieser bildete bis 1392 den nordwestlichen Eckpunkt der Stadtbefestigung. Die Eckbastion des Mantelturms bestand ehedem aus zwei einzelnen Türmen, die einen Mittelbau flankierten. Im 18. Jahrhundert entstand auf den Grundmauern der 1693 zerstörten Eckbastion und als Ersatz für einen in Höhe der Heugasse gelegenen Vorgängerbau die Große Heuscheuer. Noch erkennbar sind die in den Bau einbezogenen Turmstümpfe der Eckbastion. Die Ansicht zeigt den Bau (links) mit dem westlich angrenzenden Marstall und der Molkenkur in den 1920er Jahren.

das gesamte Gebäude als „Reichspräsident Friedrich Ebert Gedenkstätte" zu erwerben und auszubauen. Natürlich verweist die Exposition auch auf den Tod des Reichspräsidenten, der am 28. Februar 1925 in Berlin verstarb und seine letzte Ruhe auf dem Heidelberger Bergfriedhof erhielt.

Alte Synagoge

Nach Plänen des Heidelberger Architekten Hermann Behagel (1839–1921) entstand 1877/78 gegenüber der Heuscheuer der Neubau der Jüdischen Synagoge. Da der Baugrund des ursprünglichen Grundstücks nicht ausreichte, erwarb die Gemeinde auch das daneben liegende Grund-

Blick in die Mensa im Marstall, Mitte der 1920er Jahre

stück Lauerstraße 2. Am 12. April 1878 konnte der Neubau eingeweiht werden, der sich in einem bunten, zeittypischen Stilmix präsentierte. Behagel habe dabei so umsichtig gewirtschaftet, dass nicht einmal die Summe des Kostenvoranschlages erreicht worden sei, berichtete die Allgemeine Zeitung des Judentums vom 7. Mai 1878 über den Heidelberger Neubau. Eine Erweiterung erfolgte 1913 nach Plänen des jüdischen Architekten Siegfried Seidemann, bei der das Gotteshaus nach Osten hin erweitert wurde und eine Orgel erhielt. In der Reichspogromnacht setzten SA-Männer den Innenraum in Brand. Die Feuerwehr hatte Weisung nur die umliegenden Gebäude vor einem Übergreifen der Flammen zu schützen. So brannte das Gebäude völlig aus. Die entwendeten Torarollen wurden rund eine Woche nach der Pogromnacht auf dem Universitätsplatz verbrannt, das Gebäude selbst im Februar 1939 auf Kosten der jüdischen Gemeinde abgebrochen. Zwar erhielt die Gemeinde nach 1945 das Grundstück zurück, verkaufte es jedoch 1955 an die Stadt Heidelberg. Seit 2001 erinnert ein Gedenkstein an den Bau, dessen Grundriss in der Pflasterung des Grundstücks hervorgehoben ist.

Marstall/Zeughaus

„Wie ein Wahrzeichen der Stadt ragt nahe der ehrwürdige ‚Marstall'", bemerkte Karl Pfaff (1795–1866) in seinem Band „Heidelberg und Umgebung". Tatsächlich blieb bis heute der Name jenes Gebäudes erhalten, das 1590 unter Kurfürst Johann Casimir entstanden war, heute jedoch nicht mehr erhalten ist. Stattdessen hat sich der Name Marstall auf den alten Zeughauskomplex am Neckar übertragen. Dieses Zeughaus war in der ersten Hälfte des 16. Jahrhunderts unter Kurfürst Ludwig V., vermutlich nach Plänen des Schlossbaumeisters Moritz Lechler entstanden und diente als Magazinbau für Versorgungsgüter und militärische Gerätschaften. Seine wehrhafte Gestalt mit vier runden Ecktürmen und Schießscharten darin sowie schmalen Fensterschlitzen an der Nordfassade verdankt es dem Umstand, dass es außerhalb der Stadtmauern lag und einen Schutz gegen Überfälle erforderte. Eine Schiffsanlegemöglichkeit an der rund 120 Meter langen ursprünglich direkt am Neckar gelegenen Nordseite nutzte den Lauf des Flusses als wichtigen Transportweg. In südlicher Richtung, parallel zum festungsartigen Zeughaus fand sich Casimirs prächtiges dreigeschossiges Marstallgebäude, dessen hohes Satteldach von fünf Zwerchhäusern und einer mittigen Freitreppe auf der Nordseite akzentuiert war. Der Marstall wurde Opfer der Zerstörung im Orléanschen Krieg 1693. Auf seinen Grundmauern entstanden Nachfolgebauten, unter anderem ein später als Gewerbeschule genutzter Kasernenbau Friedrich Weinbrenners. In dem 1829 aufgestockten Westflügel des Zeughauses wurde zeitweilig eine Gebäranstalt untergebracht. Seit 1921 findet sich in einem Zeughausflügel die Mensa, während im anderen Flügelbau die Universitätsturnhalle untergebracht wurde.

Gartenhaus im Restaurant Rodensteiner, 1890er Jahre

Gartenpavillon/ „Rodensteiner Türmchen“

Das wegen seiner Lage im Garten des ehemaligen Restaurants Rodensteiner (heute im Hof des Seminargebäudes Grabengasse/Sandgasse) auch Rodensteiner Türmchen genannte Gebäude gehört zu den wenigen Baudenkmalen der Spätrenaissance in Heidelberg, das die Zerstörungen von 1693 überdauert hat. Es ist 1604 bis 1610 als zunächst eingeschossiger sechseckiger Zentralbau

Portal des Wormser Hofes in den 1890er Jahren

entstanden und diente – zu einem Wohnhaus gehörig – als Brunnenhalle. 3,90 Meter misst der Durchmesser des Pavillons, dessen Baugestalt an den Typus des Monopteros erinnert. Die Außenseiten werden durch Pfeilerarkaden mit Halbsäulenvorlagen toskanischer Ordnung gebildet. Ein Schirmgewölbe überdeckt den Innenraum. In ihrer Architektur zeigt die Brunnenhalle in ihren Baudetails stilistische Ähnlichkeit zum Friedrichsbau des Schlosses. Der eigentliche Pavillon darüber wurde erst gegen Ende des 17. Jahrhunderts hinzugefügt. 1993 wurde das Gebäude restauriert.

Einer privaten Initiative verdankt Heidelberg sein 1853 erbautes Theatergebäude, das nach Plänen von Bezirksbaumeister Ludwig Lendorff entstand und zur Spielzeit 1853/54 eröffnet wurde. Am 31. Oktober 1853 wurde es im Beisein des badischen Prinzregenten Friedrich mit einem Festspiel, eine Festouvertüre und Schillers Braut von Messina feierlich eingeweiht. Zuvor hatte der Spielbetrieb im Prinz Max in der Marstallstraße 6 stattgefunden. Nun schuf man mit dem Stadttheater ein festes eigenes Gebäude, das 1874 an die Stadt Heidelberg überging. Mehrere Umbauten dienten Erweiterungen und Verbesserungen. 1924 baute Fritz Haller das Theater (Foto) um. Dabei wurde die Außenfassade teilweise aufgestockt und das Innere im Stil des Neoklassizismus umgestaltet.

Mitte der 1920er Jahre hatte sich die Szenerie grundlegend verändert. Am 6. Oktober 1902 war die Pferdebahn stillgelegt und durch die am 17. März 1902 gegründete elektrische Straßenbahn ersetzt worden. Seitdem prägten lange Zeit Oberleitungen und die paarweise verlegten Gleise das Erscheinungsbild. 1976 wurde die am stärksten befahrene Straßenbahnstrecke zu Gunsten von Bussen aufgegeben.

Heute ist die Heidelberger Hauptstraße mit 1,6 Kilometern Länge einer der längsten Fußgängerzonen Europas. Ihre Ausdehnung ist jedoch weit länger, denn sie reicht als Haupterschließungsstraße vom Bismarckplatz im Westen bis zum Karlstor im Osten. 1391 wurde sie als obere Gasse, 1410 als „platea magna", 1508 als Speierer und 1689 dann als Hauptstraße erwähnt. Die Ansicht zeigt die Straße im Jahr 1897 mit Blick nach Osten auf Providenz- und Heiliggeistkirche. Damals durchzogen die Straße bereits die Gleise der 1885 gegründeten Pferdebahn. Die Linie durch die Hauptstraße war die erste und verkehrte zwischen Hauptbahnhof und Rathaus.

Wormser Hof

Der Wormser Hof verdankt seinen Namen den Bischöfen von Worms, die das an der Hauptstraße 110 gelegene Gebäude als Absteigequartier nutzten. Das in seinem Kern noch mittelalterliche, 1409 erstmals urkundlich erwähnte Gebäude ist an seiner Gebäudeecke Hauptstraße/Theaterstraße durch einen rechteckigen Erker in spätgotischen Formen geschmückt. Im Jahr 1610

Blick auf die Fassade des Palais Morass, um 1910

erwarb Kurfürst Friedrich IV. das Grundstück und ließ das repräsentative Renaissanceportal errichten. Der breite Bogen wird von gekuppelten Säulen eingefasst, deren Schäfte reich ornamentiert sind. In den Nischen zwischen den Säulen finden sich kleine vollplastische Ritterfiguren. Der Dreiecksgiebel wurde später hinzugefügt. Das Portal ist bereits in Merians bekannter Stadtansicht von 1620 abgebildet. Damals noch freistehend wurde es von den beiden Häusern des Englischen Hauses und des Wormser Hofes flankiert. Im 19. Jahrhundert fand sich der Gebäudekomplex zwischen Sandgasse und Theaterstraße im Besitz der Bürgergesellschaft Harmonie, deren Lyra den Dreiecksgiebel zeitweilig schmückte.

Palais Morass

Als Kurpfälzisches Museum weist das 1712 für den Professor der Rechte Philipp Morass erbaute gleichnamige Palais weit in die Region um die einstige Haupt- und Residenzstadt des Kurfürstentums Pfalz. Das von der Stadt 1906 für die Städtische Kunst- und Altertümersammlung erworbene und 1908 eröffnete Gebäude wird dem Architekten Johann Adam Breunig († 1728) zugeschrieben. Morass, erster Rektor der nach dem Orléansschen Krieg nach Heidelberg zurückgekehrten Universität, hoffte mit dem Neubau seine Person ins richtige Licht zu setzen. Er soll, so wird berichtet, von großem Ehrgeiz besessen gewesen zu sein. Weit weniger glanzvoll als das in seltener Stilreinheit erhaltene barocke Palais war die Vergangenheit. Hier fand sich bis zur Zerstörung 1693 das Armenspital- und Pfründtnerhaus, das später

Blick vom westlichen Vorplatz des ersten Obergeschosses ins Treppenhaus des Palais Morass vor der Neugestaltung durch Lohmeyer, um 1920. – Roter Sandstein prägt das komplette durch zwei Geschosse hindurchführende, rechts von der Durchfahrt im östlichen Teil des Hauses gelegene Treppenhaus. Es atmet ganz den Geist des italienischen Hochbarock. Die Stiege ist zweifach gebrochen und um ein schmales rechteckiges Auge geführt. Während nach außen hin Kapitelle über Volutenkonsolen die Last der oberen Stufen aufnehmen, tragen auf der Innenseite kräftige Rechteckpfeiler die Auflager. Baluster prägen das Erscheinungsbild des Geländers.

in der Plöck eine neue Heimstatt erhielt. Das elfachsige Palais ist das einzige Privathaus Breunigs, das er in schlichter Klarheit, organisch in die Flucht der Hauptstraße einfügte. Die mittleren fünf Achsen heben den Mittelrisalit nur leicht hervor.

Anders als das barocke Treppenhaus atmet der über den westlichen Vorplatz des Treppenhauses erreichbare Festsaal ganz den Geist des frühen Klassizismus. In seiner Dekoration stellte der 1778 bis 1780 unter Anna Juliana von Zyllenhardt neu gestaltete Raum ein absolutes Unikum dar, denn er verknüpfte in seiner Wandgestaltung die französische Wandabwicklung mit der englisch-antikischen Bildgestaltung. Geschaffen haben die Stuckaturen Carlo (1735–1805) und Giuseppe Pozzi (1732–1811) nach den als Jasperware bezeichneten Steinzeuggefäßen der Firma englischen Wedgwood. Um 1900 verstellten Vitrinen der Städtischen Sammlungen den Saal, dessen fein gezeichnete, nach Ideen von J. Flaxman gestaltete Basreliefs damals bereits beeindruckten. Heute sind die Reliefs auf dem wiederhergestellten jasperblauem Grund wieder stärker hervorgehoben und die störenden Vitrinen aus dem Raum verbannt.

Hier befindet sich die zentrale Wagendurchfahrt, die in einem, von Seitenflügeln gerahmten Hof endet. Den fünf Achsen entspricht der zentrale Salon im Obergeschoss, der in der zweiten Hälfte des 18. Jahrhunderts umgestaltet wurde. Damals lebten die von Zyllnhardt im Palais, im 19. Jahrhundert der berühmte Chirurg und Begründer der Chirurgischen Universitätsklinik Professor Maximilian Joseph von Chelius (1794–1876). Einer von Chelius' berühmtesten Patienten war der Musiker Frédéric Chopin, der von Chelius eine Fingervereiterung behandeln ließ.

Providenzkirche

Auf einem Teil des kurfürstlichen Gartens, des so genannten „Herrengartens" schuf der Heidelberger Bildhauer Theodors Reber 1659 bis 1661 den Kirchenbau der lutherischen Providenzkirche. Sie erhielt bei ihrer Weihe den vom Wahlspruch des Kurfürsten Carl Ludwig abgeleiteten Namen „Dominus providebit" (Der Herr wird sorgen). Carl Ludwig hatte am 18. April 1659 in Anwesenheit des Hofes, der Universität und der Bürgerschaft selbst die Grundsteinlegung vorgenommen und dem Grundstein je einen Band der „Confessio Augustana" und Luthers Katechismus sowie zwei Flaschen Wein (Rot- und Weißwein) sowie eine der typischen kurfürstlichen Medaillen beigelegt. Im Orléansschen Krieg 1693 wurde das Gotteshaus bis auf die Grundmauern zerstört und erst 1699 bis 1717 mit dem gebrochenen Mansarddach ohne den Dachreiter wiederhergestellt. Der Johann Jacob Rischer zugeschriebene Kirchturm in der Mittelachse der Fassade zur Hauptstraße wurde zwischen 1716 und 1722 errichtet und 1723 zwei nicht erhaltene Glocken angeschafft. Das immer wieder zitierte Jahr der Fertigstellung 1738 ist auf einen Treppenturm am Chorpolygon bezogen. Vom Bautypus her bildet die Heidelberger Providenzkirche ein Zwischenglied zwischen den

Blick auf den 1716 bis 1722 errichteten Turm der Providenzkirche, um 1900

Die Stadthalle am Neckar, um 1910. Die Ostseite zieren „Köpfe vom Rathaus, markante Typen aus dem Volksleben, auch Baumeister, Poliere, die Herren von Bismarck und Moltke aus grauem Sandstein“, so der 1903 erschienene Führer durch Stadthalle.

älteren lutherischen Kirchen wie Schickhardts Rechtecksaal in Montbéliard und den ausgereiften Kirchenlösungen in den Reichsstädten. Der dreiseitige Chorschluss weist auf Bauten der Region wie die 1628 bis 1630 erbaute einstige lutherische Kirche von Hirschhorn. Bedauerlich scheint heute die Überformung des Inneren im Stil der Neorenaissance durch Hermann Behagel in der zweiten Hälfte des 19. Jahrhunderts, der die ehedem reiche Dekoration zum Opfer fiel. Vom lutherischen Kirchhof um das Gotteshaus blieb ein Teil als Pfarrgarten erhalten. Von den einst zahlreichen Epitaphien ist das Grabdenkmal aus dem Umkreis des Bildhauers Paul Egell (1691–1752) für Eleonora Charlotte von Bettendorf geborene von Racknitz in der Turmvorhalle sehenswert.

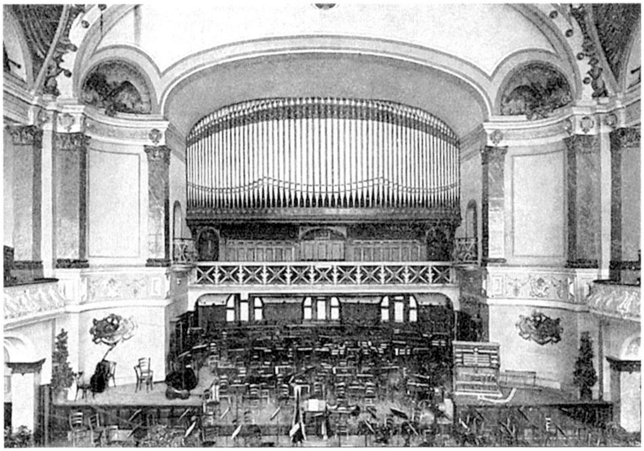

Eine Besonderheit stellte die von der Firma Voit & Söhne geschaffene Konzertorgel, hier in einer zeitgenössischen Ansicht, dar. Zu ihrer Entstehung war das elektropneumatische Instrument hochmodern und verfügte erstmals im Deutschen Reich über einen fahrbaren Spieltisch. Heute ist sie eine der ganz wenigen erhaltenen spätromantischen Konzertorgeln und ein Denkmal „von besonderer nationaler kultureller Bedeutung".

Stadthalle

An den Neckarstaden schufen Jakob Henkenhaf (1855–1927) und Friedrich Ebert (1850–1914) im Auftrag der Stadt Heidelberg zwischen 1901 und 1903 das Gebäude der Stadthalle. Der Bau verschlang über eine Million Mark und war für Konzerte, Versammlungen und Vorträge konzipiert worden. Der Große Saal konnte mit den umgebenden Räumen bis zu 5 000 Menschen aufnehmen. Der Stadthallenbau folgte der Durmschen Provisorischen Festhalle von 1886, die an gleicher Stelle entstanden war und als Provisorium den steten Anforderungen nicht genügt hätte. Ganz selbstverständlich ließen die beiden Architekten ihre Bildnisse am nördlichen Pavillon verewigen. Anders als bei der Gestaltung des Rathauses ist die Ikonografie ganz der badischen Zeit gewidmet, wenn auch der Rückgriff auf den Stil der Neorenaissance und der Buntsandstein auf die Stadtarchitektur Bezug nehmen. Neben den Wappen der acht größten Städte Badens, Skulpturen von Nadler, May und Häusser sowie weiteren Wissenschaftlern und Künstlern, finden sich auch Texte verewigt, darunter Victor von Scheffels „Alt Heidelberg, du feine" mit der kompletten ersten Strophe. Im Inneren überwiegt die teils üppige Jugendstildekoration. Zwei Historienbilder Wilhelm Trübners (1851–1917) im Kammermusiksaal dienten mit der Darstellung „Einzug des Kurfürsten Karl Friedrich von Baden 1803 in Heidelberg" bzw. „Begrüßung des deutschen Kronprinzen durch Großherzog Friedrich I. von Baden anlässlich des Universitätsjubiläums 1886" als Huldigung an das Haus Baden und das neue Kaiserreich.

Palais Venningen/Haus Zum Riesen in den 1930er Jahren

Haus Zum Riesen/Palais Venningen

Das stattliche Haus Zum Riesen (Hauptstraße 52) entstand 1707/1708 nach Plänen von Johann Adam Breunig für den kurpfälzischen Generalleutnant, Geheimen Rat, Oberjägermeister Eberhard Friedrich (Eberfritz) von Venningen, weshalb das Gebäude auch als Venninger Hof oder Palais Venningen bekannt ist. Ein Teil des Baumaterials

Zu den verschwundenen Stadttoren Heidelbergs gehörte als Teil der jüngeren Stadtbefestigung das 1856 abgerissene Mannheimer Tor. Einzig Fotografien und Beschreibungen sowie eine Zinntafel aus dem Grundstein erinnern heute an das 1752 unter Kurfürst Carl Theodor entstandene Bauwerk. Es war ein wenig weiter westlich gelegen als der Vorgängerbau des Speyrer Tores (Lage: Kreuzung Sofienstraße/Hauptstraße) und verfügte im Inneren neben dem Wachtlokal über neun Gefängnisräume. Die Pläne zum Torbau schuf der kurfürstliche Bauintendant Franz Wilhelm Rabaliatti. Im Oktober 1752 konnte es der Heidelberger Magistrat wagen und den Kurfürs-ten „unterthänigst devotist zu invitiren [einzuladen] das Thor in Augenschein zu nehmen und zum erstenmahl zu paßieren“.

Unter die längst verschwundenen Gebäude innerhalb der Altstadt fällt das zum Sankt Annaspital gehörende Muttergotteshaus in der Neugasse. Sein zweiter Name Altes Findelhaus verweist auf den ursprünglichen Zweck des 1903 abgerissenen Gebäudes. Es stammte aus der Zeit des Barock, war zweigeschossig und mit einem Mansarddach versehen, dessen mittiges Zwerchhaus von einer Muschelnische geschmückt war, die die Sandsteinstatue des heiligen Josef barg, der ein Kind auf seinen Armen trug. Direkt unter der Muschelnische befand sich die Fassadenplastik des heiligen Michaels im Kampf mit dem Drachen. Beide Bildwerke gelangten vor dem Abbruch in die Städtischen Sammlungen, heute Kurpfälzisches Museum.

des Hauses stammt vom Heidelberger Schloss, wo man vom Dicken Turm Quader abgesprengt hatte, die neben dem „Riesen“ auch am Sickinger Hof (Palais Boiserée) mit kurfürstlicher Genehmigung verwendet wurden. Der breitgelagerte Barockbau zeigt in seinem schmalen einachsigen Mittelrisalit in einer Halbnische über dem Balkon des ersten Obergeschosses die von Heinrich Charrasky geschaffene Statue des Bauherrn in Ritterrüstung. Die Inschrift „EBERHARD FRIDERICH VON VENINGEN GENERAL LEVTNANT VND OBERST JAEGERMAISTER ANNO MDCCVII“ (1707) teilt dem Passanten sofort mit, wessen Wohnhaus sich hier befindet. Den Mittelrisalit zieren außerdem reiche Pilasterfüllungen als Allegorien auf den Bauherrn – teils auf seinen Beruf, teils auf seine künstlerischen Neigungen bezogen. Zeitweilig wurde das Gebäude als Gasthof „Zum Riesen“ genutzt, vermutlich in Ableitung der Gestalt des Hausherrn in Höhe des zweiten Obergeschosses. Gustav Robert Kirchhoff (1824–1887) und Robert Wilhelm Bunsen entdeckten hier die Spektralanalyse.

Kirche St. Anna

Ursprünglich als Ensemble konzipiert, blieb das katholische Hospital mit der St. Anna Kirche im Zentrum unvollendet. Von den beiden dreigeschossigen Flügelbauten wurde nur der östliche verwirklicht, dessen Gesamtkonzeption auf Theodor Satori und Johann Adam Breunig zurückgeht und den Johann Jacob Rischer 1753

Blick aus der Neugasse auf die Fassade von St. Anna, in den 1930er Jahren

Blick auf Hospital (bzw. Pfründnerhaus) und Kirche um 1900. Über den ausgeprägten Schneckenvoluten der Kapitelle des Mittelrisalits in der Plöck kragt das hohe Gebälk mit seinem scharfkantigen Gesims weit aus. Das Hospital diente bis 1741 zunächst allen drei Heidelberger Konfessionen, erst dann erhielten die Katholiken das alleinige Nutzungsrecht. Das Hoftor weist mit seinem Reliefbild eines Bettlers auf Krücken und der Inschrift über dem Schlussstein auf die einstige Bedeutung hin. „Elende Herberge 1735" steht dort zu lesen.

vollendete. 13 Fensterachsen gliedern den 1714 erbauten Hospitaltrakt, von denen die zentralen drei risalitartig betont sind. Die Kirchenfassade, die einen Kuppelbau vortäuscht, liegt etwa in der Flucht der Neugasse und wurde zur Mitte des 18. Jahrhunderts von Franz Wilhelm Rabaliatti

Der Bismarckplatz um 1946. Im Hintergrund links befand sich seinerzeit im Darmstädter Hof das europäische US-Hauptquartier.

An der Nordseite des Bismarckplatzes steht inmitten einer Grünanlage – ehedem Bismarckgarten genannt – das Denkmal des eisernen Kanzlers. Karl Pfaff erwähnt als Stifter dankbare Verehrer, die die Marmorbüste samt Sockel aus poliertem rotem Granit gestiftet haben. Der Stuttgarter Bildhauer Adolf von Donndorf (1835–1916) hat die Büste geschaffen, die am 1. April 1897 zu Bismarcks Geburtstag enthüllt wurde. Bereits anlässlich von Bismarcks 60. Geburtstag 1875 hatte der Platz den Namen des Reichskanzlers erhalten.

Der Name Josef Durm lässt sich gleich mehrfach mit Heidelberg verbinden, ob mit der Provisorischen Festhalle oder der Aula der Alten Universität. Nach seinen Plänen entstand zwischen 1891 und 1893 der Neubau des traditionsreichen Kurfürst-Friedrich-Gymnasiums unmittelbar östlich der Friedrichsbrücke (heute: Theodor-Heuss-Brücke). Am Neckarstaden gelegen richtete Durm fast alle Klassenräume nach Norden zum Fluss hin aus, während er nach Süden hin als Annex ein Turnhallen-/Aulabau anschloss. Das Hauptgebäude gestaltete er als dreigeschossigen symmetrischen Neorenaissancebau mit hohem giebelgeschmückten Mittelrisalit. Seinen Namen verdankt das 1546 gegründete älteste Gymnasium der Stadt Kurfürst Friedrich II. von der Pfalz.

Bereits 1875 bis 1877 war unmittelbar westlich des späteren Durmschen Gymnasialbaues die (Neue) Brücke entstanden. Am 7. Oktober 1877 wurde sie als zweite Neckarquerung und als Landstraßenbrücke mehr und mehr zu einer innerstädtischen Verkehrsader. Um künftige Verkehrslasten wie die Straßenbahn besser aufnehmen zu können wurde sie 1905/1906 um sechs Meter verbreitert. Im Zuge ihrer zweiten Einweihung am 25. September 1906 erhielt sie den Namen Friedrichsbrücke und verbindet seither die Altstadt bzw. Bergheim mit dem nördlich gelegenen Neuenheim.

vor den Bau Rischers gesetzt. Sie weist eine einfache Teilung auf, „ohne alles barocke Gekräusel“ (Zähringer: Heidelberg – Wie es wurde und wie es ist) und verbirgt eine schlichte Saalkirche mit eingezogenem polygonalen Chor. Als Spitalkirche dienend ist auch das Innere schlicht gestaltet und nahezu schmucklos. So reicht der Blick auf den in der Mitte des 18. Jahrhunderts, wohl in der Werkstatt Paul Egells geschaffenen Hochaltar. Zwischen 1876 und 1894 nutzten die Altkatholiken das Gotteshaus. Mitte März 2009 wurde es nach einer mehrmonatigen Renovierung wieder für den gottesdienstlichen Gebrauch geöffnet.

Nur wenige Tage nach der Sprengung der Mannheimer Neckarbrücken durch die Wehrmacht, wurden auch die bis dahin unversehrten Heidelberger Brücken sinnlos zerstört. Zwischen dem 27. und 29. März 1945 sprengten deutsche Truppen Friedrichs-, Hindenburg- und Teile der Alten Brücke in die Luft, hier ein Blick auf die zerstörte Friedrichs- und die angrenzende Notbrücke nach 1945. Von der Altstadt aus blieb einzig der Wehrstieg bei der Karlstorschleuse begehbar. Bereits am Morgen des 30. März 1945 zeigten sich US-amerikanische Soldaten am Neuenheimer Neckarufer. Um 14 Uhr überquerte ein Bataillon den Neckar. Noch am gleichen Tag rückte die 63. US-Infanteriedivision in Heidelberg ein. Die neue Friedrichsbrücke wurde am 17. Dezember 1949 durch Bundespräsident Theodor Heuss eingeweiht. Sie trägt seitdem seinen Namen.

Gegenüber dem Hauptbahnhof fand sich das 1883/84 „in der alten Sandgrube" im Stil der Neorenaissance erbaute Kaiserliche Post- und Telegrafengebäude. 1908/1909 wurde das vom Heidelberger Architekten Johann Remmler errichtete und am 5. April 1884 eingeweihte Gebäude um ein drittes Stockwerk erweitert. Das Haus ist heute ebenso zerstört wie der 1956 abgerissene alte Hauptbahnhof.

Bismarckplatz

Zwischen Altstadt und Bergheim gelegen ist der Bismarckplatz. Als zentraler Punkt der Straßenbahn und OEG (Oberrheinische Eisenbahn-

J. Schütz: Ausfahrt eines Zuges aus dem Heidelberger Bahnhof, Lithographie 1842.

Gesellschaft) erfüllt er heute eine wichtige Funktion als Verkehrsknoten, nachdem die Straßenbahn Mitte der 1970er Jahre aus der Hauptstraße verbannt worden ist. Seinen Namen verdankt der westlich der mittelalterlichen Stadtgrenze von 1392 liegende Platz dem Eisernen Kanzler Otto Fürst von Bismarck (1815–1898), dessen Denkmal sich innerhalb einer Grünfläche, dem vormaligen Bismarckgarten, im Norden des Platzes befindet. Bevor der Platz als Verkehrsknoten Bedeutung erlangte, diente er kurze Zeit als Winterhafen der Stadt. Doch das 1847 angelegte Hafenbecken blieb ein Intermezzo. 1874 wurde es zugeschüttet, nachdem sich die Einfahrt als zu eng und zu tief erwiesen hatte, so dass das Wasser nicht mehr abfließen konnte und verfaulte. Deckungsgleich mit dem Hafenbecken ist der nördliche Teil mit der 1875 angelegten Grünfläche. Die Südseite mit dem eingeschossigen Pavillon fiel dem Neubau des damaligen Horten-Hauses zum Opfer, das 1961 eingeweiht wurde.

Alter Hauptbahnhof

In seinem populären „Führer durch Heidelberg und Umgebung“ beschrieb der Architekt Oberregierungsbaurat Ludwig Schmieder getreu den

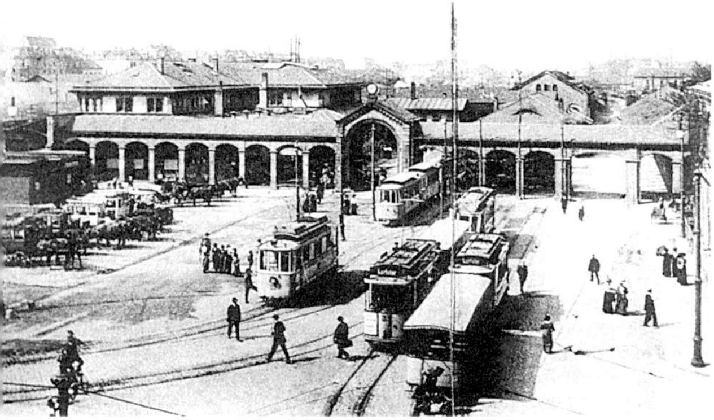

Ehedem unweit der alten Stadtmauergrenze gelegen fand sich der zwischen der heutigen Rohrbacher Straße (Bahnhofsvorplatz), Poststraße und Kurfürstenanlage gelegene Hauptbahnhof (Foto) schon bald inmitten der sich ausweitenden (West-) Stadt wieder und entwickelte sich zum Verkehrshindernis. Einen schon Ende des 19. Jahrhunderts forcierten Neubau rund 1200 Meter weiter westlich verhinderte der Ausbruch des Ersten Weltkrieges. Erst 1955 konnte der Neubau als einer der ersten Bahnhofsneubauten der Bundesrepublik und als Durchgangsbahnhof eingeweiht werden.

Zu den gediegenen Hotels in der Nähe des ersten Heidelberger Hauptbahnhofes gehörte auch das Hotel Victoria. Das wie der gegenüberliegende Europäische Hof zeitweilig von der Hoteliersfamilie Gabler geführte Haus gelangte Mitte der 1950er Jahre an die Universität, die hier 1958 das Juristische Seminar einrichtete.

damaligen Reisegewohnheiten als erstes Objekt den Heidelberger Hauptbahnhof. Als „bescheidenes Gebäude“, das „trotzdem in seiner regelmäßigen Anlage mit dem von einer gewölbten Halle abgeschlossenen Vorhofe nicht einer künstlerisch vornehmen Auffassung“ entbehrte, bescheinigte er ihm im Verhältnis zu den modernen Großstadtbahnhöfen eine gewisse „Romantik“. Gleichwie man diese Schilderung auch auffasst, die Lage hatte sich seit der Eröffnung der ersten badischen Eisenbahnstrecke 1840 von Heidelberg nach Mannheim nicht verändert. 1846 wurde neben dem bestehenden Bahnhof der Main-Neckar-Bahnhof als weiterer Kopfbahnhof errichtet und 1862 mit Inbetriebnahme der Strecke nach Heil-

Der Garten des Hotels Europäischer Hof in den 1930er Jahren

bronn nochmals erweitert. Südlich der Anlage fügte man die Durchgangsgleise Richtung Odenwald und Kraichgau an. In unmittelbarer Nachbarschaft siedelten sich die ersten Hotels an, für die der neue Hauptbahnhof auch eine verkehrstechnische Attraktion war. So konnte man, wie die zeitgenössische Grafik zeigt, etwa vom Dach des 1838 entstandenen First-Class-Hotels Ernst (1845–1860 Schrieder) den nahen Bahnbetrieb der ein- und ausfahrenden Züge verfolgen.

Hotel Europäischer Hof

1863 erwarb der Schwarzwälder Selfmademan und Hotelier Josef Schrieder das Gelände des ehemaligen St. Anna-Kirchofes, um hier 1865 sein neues Hotel de l'Europe zu eröffnen. An der Ecke Leopoldstraße/Nadlerstraße war man einen Steinwurf mehr von Hektik des Heidelberger Hauptbahnhofes entfernt als im alten Hotel Schrieder. Das Haus zog von Beginn an interna-

In unmittelbarer Nachbarschaft zum 1840 angelegten Hauptbahnhof befanden sich mit dem Neptun- und dem östlich angrenzenden Stadtgarten zwei ehedem miteinander verbundene Parkräume, die das grüne Entrée Heidelbergs bildeten und aus dem von Gartendirektor Metzger 1830 angelegten so genannten „Landwirtschaftlichen Garten" hervorgingen. Dieser Landwirtschaftliche Garten wiederum war ein auf den Festungswerken von 1621/22 errichteter Versuchsgarten des Landwirtschaftlichen Vereins. Die eigentliche Anlage des Stadtgartens mit seiner charakteristischen Erfrischungshalle (Abbildung) erfolgte 1885. Hierbei wurde der Pariserweg als ehemalige Südgrenze des Landwirtschaftlichen Gartens in den Stadtgarten einbezogen. 1911 ersetzte ein Neubau das Restaurant, der 2002 durch einen Brand zerstört bis 2005 wiederaufgebaut wurde.

Der Märzgasse gegenüber erinnerte seit seiner Enthüllung am 1. August 1908 das in den Anlagen (heutige Friedrich-Ebert-Anlage) errichtete Bunsendenkmal an den Chemiker Robert Wilhelm Bunsen (1811–1899). Die Treppenanlage säumten zwei Gestalten aus gestocktem Granit, von denen die verhüllte das der Forschung bislang noch Unentdeckte und Unbekannte, die andere aber die Fortschritte der Wissenschaft symbolisierte. Das zentrale auf einem Stufensockel errichtete Bronzedenkmal schuf der Karlsruher Bildhauer und Akademielehrer Hermann Volz (1847–1941). Seit 1961 stand es ohne die ursprüngliche Denkmalsanlage seitlich versetzt vor dem Friedrichsbau in der Hauptstraße, seit 1978 in der Mittelachse des Gebäudes. Die Ortswahl geschah nicht zufällig. Im Gebäude gegenüber dem „Haus zum Riesen" war Bunsen neben Gustav Kirchhoff die bahnbrechende Entdeckung der Spektralanalyse gelungen.

Zu den Denkmalen in der Anlage (heute Teil der Friedrich-Ebert-Anlage) gehörte ursprünglich auch das Denkmal für den populären Mundartdichter, Rechtsanwalt und Fachschriftsteller Karl Gottfried Nadler (1809–1849). Wie später das Bunsen-Denkmal hat es der Karlsruher Bildhauer Hermann Volz geschaffen. Am 11. August 1897 wurde es gegenüber des Hotels Victoria feierlich eingeweiht und dabei der südliche Teil der Neugasse zwischen Plöck und Leopoldstraße in Nadlerstraße umbenannt. Die Baukosten hatte die Witwe des Postkassierers Karl Ries – Luise Ries in Karlsruhe übernommen.

tionales Publikum an. Neben badischem Wein wurde auch Münchner Bier ausgeschenkt, Drei-Gang-Menüs und Süßspeisen nebst Kaffee kredenzt. 1906 übernahm Fritz Gabler das Hotel, der es zusammen mit seiner Frau Luise führte und

Der Wredeplatz, hier in einer Ansicht um 1900, verdankte seinen Namen dem Denkmal für den in Heidelberg geborenen bayerischen Generalfeldmarschall und Diplomaten Carl Philipp von Wrede (1767–1838). Am 21. August 1860 wurde sein Denkmal auf dem nunmehr nach ihm benannten vormaligen Heckemarkt feierlich enthüllt. Der bayerische König Ludwig I. hat es der Stadt Heidelberg gestiftet. Bürgermeister Heinrich Krausmann versprach anlässlich der Enthüllung, dass „die Vertreter der Stadt stets dafür Sorge tragen werden, daß das Standbild, welches eine Zierde dieses Stadttheils [!] ist, in seiner Schönheit erhalten bleibe zu Ehren des Gefeierten und zu Ehren des allerhöchsten Stifters, Sr. Maj. des Königs Ludwig von Baiern“. Doch es sollte anders kommen, denn im April 1940 fiel die 44 Zentner schwere Bronzefigur der Metallspende zum Opfer. Die Heidelberger Zeitung titelte am 17. April 1940: „Wrede zieht wieder in den Krieg!“ Nach 1945 erhielt der Platz den Namen eines anderen Heidelbergers: den Namen Friedrich Eberts.

Peterskirche von Osten, Lithographie, 1858. Grabsteine und -kreuze weisen auf den alten, bis ins zwölfte Jahrhundert zurückreichenden Friedhof hin. Er wurde mit der Eröffnung des Bergfriedhofes 1844 in eine öffentliche Parkanlage umgewandelt.

schrittweise ausbaute. 1929 etwa entstand ein dreigeschossiger Seitenflügel nebst Keller. Der Blick zeigt das Hauptgebäude vom Hotelgarten in den 1930er Jahren. Gabler erwarb auch das dem Europäischen Hof gegenüber liegende Hotel Victoria und pachtete 1936 das noble Palasthotel Mannheimer Hof in der Augustaanlage. Mit dem Namen Gabler verbindet sich auch die Heidelberger Hotelfachschule, die Fritz Gabler gründete und die bis heute seinen Namen trägt. 1945 wurden beide Heidelberger Häuser von der US-amerikanischen Besatzungsmacht beschlagnahmt und erst 1955 an Luise Gabler zurückgegeben. 1957 konnte sie den Europäischen Hof nach umfangreicher Renovierung neu eröffnen. Heute gehört das Haus zu den Hotels der europäischen Spitzenklasse und zu den 400 besten Hotels weltweit.

Peterskirche

Die Peterskirche ist Heidelbergs ältestes Gotteshaus. Die Ersterwähnung geht auf das Jahr 1357 zurück, wobei ein Vorgängerbau bereits im zwölften Jahrhundert errichtet wurde. Ihre Stiftung erfolg-

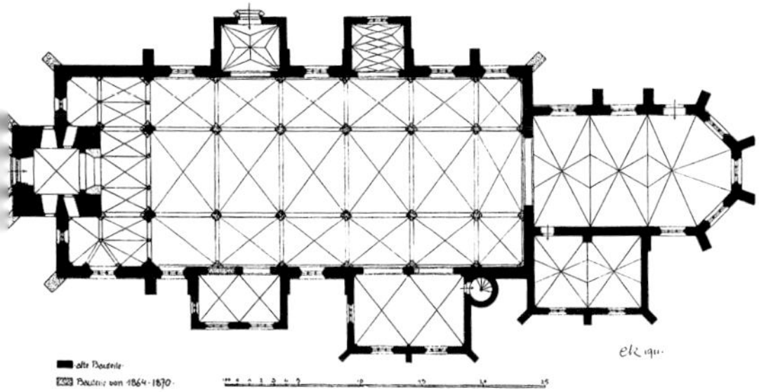

Grundriss der Peterskirche mit alten Bauteilen und Ergänzungen des 19. Jahrhunderts, 1911

Blick auf die Peterskirche nach Westen, um 1910. – Einen drastischen Eingriff erlebte die Kirche durch die Regotisierung zwischen 1864 und 1870. Damals wurde der Kirchturm dem des Freiburger Münsters nachgebildet (Foto). Das Innere wurde zur dreischiffigen Hallenkirche umgestaltet. Bei der letzten 2004/2005 erfolgten Innenrenovierung erhielt die Peterskirche neue Prinzipalstücke, das heißt Altar, Lesepult und Taufbecken, dazu einen Osterkerzenständer sowie ein freistehendes Kreuz im Chorraum, geschaffen von Matthias Eder aus Leonberg. Vier neue Kirchenfenster des Glaskünstlers Johannes Schreiter komplettieren seit Juli 2006 die Neugestaltung.

te durch das Bistum Worms, in dessen Besitz sich das Gebiet des späteren Heidelberg befand. 1225 überwies der Bischof das Gebiet dem Pfalzgrafen als Lehen, so dass die Peterskirche älter als die Stadt Heidelberg ist. Ihr Name St. Peter verweist auf den St. Petersdom von Worms. Schließlich wurde sie Mutterkirche von Heiliggeist. Bis 1392 lag sie außerhalb der Stadtmauern. Mit dem Jahr 1400 erhielt das Gotteshaus eine neue Funktion als Universitätskirche. Zwischen 1485 und 1492 erfolgte der Neubau des Gotteshauses im Stil der Spätgotik mit einer flachen Decke und stützen-

Kirchenschiff der Peterskirche nach Osten, um 1900. – Das Innere der Peterskirche atmet abgesehen von den zeitgenössischen Kirchenfestern und Prinzipalstücken den Zeitgeist des 19. Jahrhunderts. An Stelle einer holzgedeckten einschiffigen Saalkirche entwickelten Frank-Marperger und sein Nachfolger Behagel zwischen 1864 und 1870 eine dreischiffig-gewölbte Hallenanlage samt Orgelempore. Noch 1834 hatte K.C. von Leopold im Heidelberger Fremdenbuch „den schönen Säulen-freien Raum" des Kirchenschiffes erwähnt, der schon im Text zum Merianschen Panorama des 17. Jahrhunderts aufgrund dieses Umstandes erwähnt worden war. Die umfassenden Veränderungen führten zu einem verheerenden Verlust an historischer Überlieferung, den man nur bedauern kann. 1961 bis 1963 versuchte man sich im Außenbereich dem vorbarocken Zustand wieder anzunähern.

freiem Innenraum. Der Vorgängerbau war baufällig und zu klein geworden. Das Jahr der Fertigstellung 1492 markiert der Schlussstein des Turmgewölbes. Zum Neubau traten 1496 je zwei gewölbte Langhauskapellen im Norden und Süden hinzu. Schäden trug die Kirche im Dreißigjährigen Krieg ebenso wie im Pfälzischen Erbfolgekrieg 1689 davon. Die Franzosen hinterließen einen ausgebrannten, rauchgeschwärzten Raum, in dem bis 1705 nur Leichenpredigten stattfanden. Im Innern wie auf dem Friedhof um die Kirche wurden in der Folge zahlreiche Professoren, darunter der Gründungsrektor der Universität Marsilius von Inghen (zwischen 1335 und 1340–1396) aber auch Angehörige des kurfürstlichen Hofes beigesetzt. Rund 150 Grabmale und Epitaphien befinden sich im Inneren und am Außenbau des Gotteshauses. Erst 1706 begannen die notwendigen Wiederherstellungsarbeiten, bei denen das Gotteshaus barock ausgebaut wurde.

Seminarium Carolinum/ Collegium Academicum

Mit dem Seminarium Carolinum entstand 1750 bis 1765 nach Plänen Franz Wilhelm Rabaliattis das letzte Bauwerk der Jesuiten in Heidelberg. In seiner Anlage als Dreiflügelbau um einen zur Straße hin abgetrennten Ehrenhof mutet es an wie ein Schloss. Reizvoll betonte Rabaliatti die

Blick auf das Gebäude des Seminarium Carolinum

Gebäudemitte mit dem dreiachsigen pilastergeschmückten Mittelrisalit und bekrönendem fein geschwungenem Dachreiter. Gestiftet worden war das dreigeschossige Lehrgebäude von Kurfürst Carl Theodor als Internat für Schüler und Wohnheim für Studenten aller Fakultäten. Es nahm zunächst das 1720 von Kurfürst Carl Philipp gegründete Carlskonvikt (Jesuitenseminar) auf, doch begann mit der Aufhebung des Ordens 1773 für den barocken Bau eine wechselvolle Geschichte. 1826 bis 1843 nutzte die von Pforzheim

Zu den heute verschwundenen Stadttoren gehörte das Kelter- oder Untere Burgtor. Es verdankte seinen Namen dem daran anstoßenden einstigen kurfürstlichen Kelterhaus und markierte als Teil der älteren Stadtbefestigung am Beginn des „Schlossweges“ den nordwestlichen Abschluss der Berg- von der Altstadt. Die Bergstadt, ehedem im besonderen Schutz der Burg bzw. des Schlosses gelegen, wurde erst 1743 nach Heidelberg eingemeindet. Am 3. August 1877 fielen das Keltertor samt der kurfürstlichen Kelter, in den Folgejahren die meisten der kleinen Fachwerkgebäude sowie das ehedem eigene kleine Rathaus dem Abriss zum Opfer. Die Schriftstellerin Helga Glaesener hat dem Keltertor in ihrem Buch „Die Rechenkünstlerin“ ein literarisches Denkmal gesetzt.

Zu den Toren der südlichen Stadtmauer gehörte von Westen aus neben dem Schieß- und dem Kuhtor das Klingentor. Es wurde Mitte des 17. Jahrhunderts nach Wegfall des Kuhtores errichtet und gehörte zur jüngeren Stadtbefestigung. Im Rahmen der Hauserweiterung des 1719 von Johann Jacob Rischer errichteten Jungwirthschen Hauses durch Sigismund Zeller wurde das Klingentor 1738 in den Bau mit einbezogen, dabei um- und ausgebaut und blieb so bis in die Gegenwart erhalten. Im Obergeschoss wurde eine Hauskapelle für den kurfürstlichen Leibarzt und Geheimen Rat Jungwirth eingerichtet.

nach Heidelberg verlegte Irrenanstalt den Bau, der von 1844 bis 1876 als Akademisches Krankenhaus diente und 1881 zur Kaserne wurde. Stationiert war hier nunmehr das Zweite Bataillon des 2. Badischen Grenadierregiments Kaiser Wilhelm I. Nr. 110. Erst nach Ende des Zweiten Weltkriegs versuchte der Universitätsrektor mit der Einrichtung eines Internats für Studenten aller Fakultäten an die Tradition des Hauses anzuknüpfen, für das sich nun der Name „Collegium

Als die Aufnahme des ehemaligen Klosters der Augustine nonnen um 1902/1903 von der Grabengasse aus entstand waren die Tage des historischen Gebäudes bereits gezählt. Im Hintergrund wuchs bereits ein Teil der Durmschen Ur versitätsbibliothek empor. Gegründet worden war das ein tige Kloster der Congregatio B. Mariae V. – des Schwarznonnenklosters – bald nach 1700, als Kurfürst Johann W helm den Orden von Bonn nach Heidelberg berufen hatte wo sie sich der katholischen Mädchenerziehung widmen sollten. Nach der Säkularisierung wurde das dreiflügelige Gebäude der katholischen Gemeinde als Lehrinstitut übe lassen. Im Schulgebäude waren elf Schulräume, die Mädchenturnhalle sowie die Wohnung des Rektors und elf Wohnungen für Haupt- und Unterlehrer untergebracht. Hinzu kam in den 1870er Jahren noch eine Knabenturnhalle auf dem Gartengelände, die ebenso dem Bau der Universitätsbibliothek zum Opfer fiel.

Peterskirche und Universitätsbibliothek von Südosten, um 1910

Academicum" einbürgert. 1978 zog die Zentrale Universitätsverwaltung in den Barockbau.

Universitätsbibliothek

Unweit der Peterskirche befand sich bis zur Jahrhundertwende das Augustinerinnenkloster (Schwarznonnenkloster), auf dessen Grund Josef Durm zwischen 1901 und 1905 den vierflügeligen Bau der Universitätsbibliothek erbaute. In einem Stilmix aus deutschen und französischen „renaissancistischen Formen mit integrierten Jugendstilelementen" (Dehio) zeigt sich das mit rotem Sandstein verkleidete und mit einer bewegten Dachsilhouette gestaltete recht eigenwillig anmutende Gebäude dem Betrachter. Die Gebäude sind um einen Innenhof konzentriert. Der Bibliotheksbau selbst steht am Übergang von der Saal- zur Magazinbibliothek. Fortschrittlich zeigt er sich beim Magazintrakt, dessen Inneres aus einer

In Höhe des einstigen Mitteltores errichteten die Architekten Jakob Henkenhaf und Friedrich Ebert 1900/ 1901 das Gebäude der Oberrheinischen Bank. Die Fassade aus rotem Sandstein ist mit üppigem, späthistoristischen Dekor der Spätrenaissance und des Manierismus verziert und der turmartige Erker bildet einen markanten Akzent zur Hauptstraße. Das Kreditinstitut selbst war 1856 als Bankhaus Köster & Co gegründet worden, das 1883 in die Aktiengesellschaft Kösters Bank AG umgewandelt wurde. 1896 erhielt das Bankhaus den Namen Oberrheinische Bank. Diese ging später in der Rheinischen Creditbank bzw. Deutschen Bank auf. Parallelen in der Ausführung des Baues finden sich bei der fast zeitgleich erbauten Stadthalle, für die das Architekturbüro ebenfalls die Pläne entwickelt hatte.

Der einstige heute in der Kernaltstadt gelegene Mitteltorturm in der Hauptstraße bildete als Teil der älteren Stadtbefestigung einst deren westlichen Abschluss. Damals noch als Niederes und in der Folge als Inneres Speyerer Tor bezeichnet erhielt es später den Namen Mitteltor. Erst 1827 wurde es Opfer der städtischen „Verkehrspolitik". Im Kern stammte der Torbau aus der Zeit zwischen 1370 und 1400. Der einst viereckige mit einem spitzen Dach gedeckte Turm erhielt nach seiner teilweisen Zerstörung 1693 zwischen 1715 und 1720 durch Stadtbaumeister Johann Jacob Rischer den achteckigen Aufsatz als Uhr- und Glockenturm mit der charakteristischen „welschen Haube". Im Turm lebte neben dem Turmwächter auch der Stadtuhrmacher, der für alle Uhren der Stadt einschließlich der Kirchturmuhren zuständig war. Einige Studenten nahmen 1827 auf ihre Art Abschied vom Turm und dem mittelalterlichen Heidelberg, ließen sich vom nahen Gasthaus „Zum König von Portugal" Wein bringen und brachten ein „Vivat" auf die neue Zeit aus, in der der Turm Alt- und Vorstadt nicht länger voneinander trennte.

Stahlkonstruktion besteht, nach außen hin aber ebenfalls mit Sandstein verkleidet ist und – als eigenständiger Baukörper erkennbar, Anklänge an den Jugendstil zeigt. Betritt man das an der Ecke Plöck/Grabengasse gelegene Gebäude, so passiert man ein reich skulptiertes Portal mit badischem Wappen, während über den Fenstern die Porträtmedaillons der Kurfürsten angebracht sind. Prachtvoll gestaltet zeigen sich Vestibül, Treppenhaus und Gänge, teils mit bildhauerischen Arbeiten der Karlsruher Künstler Hermann Volz (Schöpfer des Bunsendenkmals) und Hermann Binz (1876–1946). Die Universitätsbibliothek Heidelberg verwahrt heute rund 3,02 Millionen Medieneinheiten, zu denen noch einmal über 2,9 Millionen in den dezentralen Bibliotheken kommen – zusammen über 6 Millionen Einheiten. Zu den besonderen im Stammgebäude ausgestellten Kostbarkeiten gehört die im frühen 14. Jahrhundert entstandene Große Heidelberger Liederhandschrift, der sogenannte „Codex Manesse". Er hatte ursprünglich zum Besitz des pfälzischen Kurfürsten Friedrich IV. gehört und gelangte erst 1888 aus Paris wieder nach Heidelberg.

Universitätsplatz

Der heutige Universitätsplatz hat mehrfach seinen Namen gewechselt. Ursprünglich hieß er Paradeplatz, nachdem er von Kurfürst Carl Theodor nach Einebnung des Augustinerklosters zum Exerzierplatz hergerichtet worden war. Im 19. Jahrhundert gestaltete man den südlichen, vor dem Mu-

Die genaue Entstehungszeit des Löwenbrunnens auf dem Universitätsplatz ist unbekannt, doch scheint das Bauwerk in der frühen Neuzeit errichtet worden zu sein. Es ist vermutlich älter als das Gebäude der Alten Universität selbst. Einzig die den Brunnen bekrönende Löwenskulptur – sitzend mit Schwert und Krone dargestellt – ist datiert und trägt die Jahreszahl 1712.

Blick auf den Universitätsplatz mit der Alten und Neuen Universität in den frühen 1930er Jahren

Blick auf die Malereien und den Deckenstuck der Alten Aula, die 1885 unter der Durmschen Holzkassettendecke des Raumes verschwanden. Der Stuck wird Johann Battista Clerici zugeschrieben.

seumsgebäude gelegenen Teil in eine Schmuck- und Denkmalsanlage um mit dem Reiterstandbild Kaiser Wilhelms im Zentrum. Doch nicht Kaiser-Wilhelm-, sondern Ludwigsplatz lautete nun die amtliche Bezeichnung, nach Großherzog Ludwig von Baden (1763/1818–1830). Zu Ludwigs besonderen Verdiensten gehörte, dass er dem Großherzogtum Baden neben Freiburg auch die Heidelberger Universität erhalten hat. 1928 schließlich wurde der Name Universitätsplatz erstmals eingeführt, unterbrochen in der NS-Zeit 1937 bis 1945 durch die Bezeichnung Langemarckplatz. Der Universitätsplatz wird im Norden von der Hauptstraße, im Süden von der Neuen Universität und im Westen von der Grabengasse begrenzt. Sie markiert zugleich den Verlauf der ältesten Heidelberger Stadtbefestigung. Im Osten schließt die Alte Universität gefolgt von der Triplex-Mensa den Platz ab.

Alte Universität

Bereits 1699 initiierte Kurfürst Johann Wilhelm den Neubeginn der Universität und bekräftigte seinen Entschluss 1704 durch die Ernennung eines Kurators, „auf dass das Studium wiederumb in seine vorige Consistenz, Flor und Lustre hergestellt werde und empor kommen möge". Seinem Bestreben ist auch der 1712 bis 1729 nach Plänen Johann Adam Breunigs entstandene Neubau des Kollegienhauses zu verdanken. Als „Domus Wilhelmina" erhielt es den Namen des Kurfürsten und knüpfte an den Vorgängerbau an gleicher Stelle an – das 1588 bis 1591 erbaute Collegium Casimirianum. Wenige mit korinthischen Kapitellen geschmückte Pilaster gliedern die Südseite des äußerlich schlichten dreigeschossigen Barockbaues mit seinem geschweiften Schieferdach. Er besteht aus zwei, etwa rechtwinklig aneinanderstoßenden 42,5 Meter langen Flügeln. Das charakteristische Uhrtürmchen entstand erst im Zusammenhang mit dem Abbruch des Mitteltorturms um 1827 und erhielt 1886 seine historische Gestalt durch eine Zinkbekleidung. Im Gebäud-

Zu den wenigen intakten historistischen Raumensembles in Heidelberg gehört die 1885/1886 von Josef Durm im Stil der Neorenaissance neu gestaltete Aula im Kollegiengebäude. 1884 hatte Durm den Auftrag dazu erhalten und einen ringsum holzvertäfelten zweigeschossigen Raum entworfen. Beim Eintreten fällt der Blick sofort auf die aufwendig gestaltete Stirnwand mit Ferdinand Kellers (1842–1922) monumentalem Gemälde in der Lünette, das den siegreichen Einzug der Pallas Athene – als Symbol für Kunst und Wissenschaft – in Heidelberg thematisiert. Unterhalb des Bildes befindet sich im Zentrum die Büste des Großherzogs Friedrich von Baden von Bildhauer Friedrich Moest (1838–1923), flankiert von den Gemälden des Kurfürsten Ruprecht I. (links) und des Markgrafen Karl Friedrich von Baden (rechts). An der neu eingezogenen Kassettendecke wurden die vier zentralen Fakultäten Philosophie, Medizin, Jurisprudenz und Theologie – verewigt. Nach Ruprecht dem Gründer und Karl (-Friedrich) dem Förderer wurde die Universität damals neu benannt.

Blick vom Wilhelmplatz auf die Alte Universität, 1896

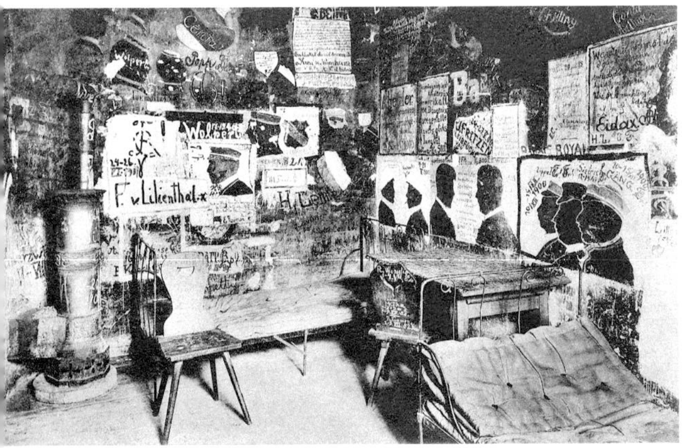

Blick in einen der Karzerräume, um 1920

einneren befanden sich Auditorien und Sammlungsräume sowie die Bibliothek und Aula. 1786 stattete Johann Andreas Traitteur die beiden Bibliothekssäle im Erdgeschoss-Westflügel im Louis-Seize-Stil aus. Nach zahlreichen Umbauten blieb wenig vom einstigen Glanz erhalten. Clericis Stuckdekorationen der Aula verschwanden beim Durmschen Umbau 1885/1886. Im heutigen Senatssaal ist die einzige noch erhaltene Stuckdecke aus dem 18. Jahrhundert erhalten.

Karzer

Eine Sehenswürdigkeit ganz eigener Art ist der Studentenkarzer in der Augustinergasse, unmit-

Dort, wo sich heute die Neue Universität erhebt, befand sich das von der Museumsgesellschaft im Weinbrennerstil ab 1827 erbaute und am 25. August 1828 eingeweihte „Gesellschafts-Haus gebildeter Stände". 1873 bis 1875 wurde der Mittelbau umgestaltet, dabei von Baurat Hermann Behagel der Große Saal geschaffen und der zum Ludwigsplatz hin orientierten Nordfassade ein Balkonvorbau angefügt. 1899 gelangte das Gebäude in städtischen Besitz und wurde kurzzeitig als städtischer Saalbau genutzt. Der badische Staat als neuer Eigentümer baute ab 1903 das nunmehrige „Neue Kollegienhaus" für die Zwecke der Universität um. Im zentralen Großen Saal – nunmehr Auditorium Maximum – fanden außer Vorlesungen auch weiterhin Konzerte und öffentliche Vorträge statt. Im übrigen Gebäude fand das Archäologische Institut, das Juristische und Theologische Seminar, die Abteilungen für Alte Geschichte und Neuere Kunstgeschichte samt zugehörigen Fachbereichsbibliotheken eine neue Unterkunft.

telbar hinter dem Gebäude der Alten Universität. Er fehlt in keinem Heidelberg-Stadtführer. Das 1736 errichtete Gebäude diente zunächst als Wohnhaus des Sattlermeisters Coblitz, bis es 1784 als Wohnhaus des Pedells der Universität genutzt wurde. Zwischen 1823 und 1914 wurden in den fünf Karzerräumen des Dachgeschosses Studenten inhaftiert. Nach zwei bis

(von links nach rechts) Mit einer Gedächtnisrede des Heidelberger Historikers Prof. Dr. Erich Marcks (1861–1938) wurde das vom Bildhauer Adolf von Donndorf (1835–1916) geschaffene Reiterstandbild Kaiser Wilhelms I. am 5. Dezember 1901 in Anwesenheit der großherzoglichen Familie eingeweiht. Doch das Denkmal verblieb keine zwei Jahrzehnte an seinem Standort. Bereits 1918 wurde es eingeschmolzen, der Sockel im Frühjahr 1920 entfernt.

Wie fast alle Gebäude verheerten die Franzosen 1693 auch das Augustinerkloster im Bereich des heutigen Universitätsplatzes. Die im Herbst 1912 entstandene Fotografie zeigt die Grabungsarbeiten, bei denen die Grundmauern vermessen und kartiert wurden, nachdem zuvor nur die Ansichten in Sebastian Münsters Kosmographie und Matthäus Merians Heidelberger Nordansicht ein ungefähres Bild geliefert hatten. Gestiftet worden war das Augustinerkloster 1256, die erste urkundliche Erwähnung datiert ins Jahr 1279. Eng verbunden waren Kloster und Universität seit 1476. Am 26. April 1518 fand hier in Gegenwart Martin Luthers die bekannte Disputation gegen die scholastischen Lehren statt.

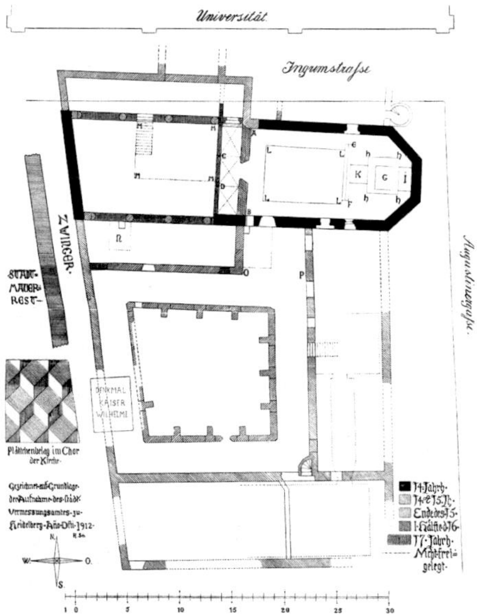

(von links nach rechts) Bei den Grabungsarbeiten im Sommer 1912 hatten die Wissenschaftler festgestellt, dass weit mehr Substanz des Klosters im Boden „versteckt" lag, als vermutet. Als man im 18. Jahrhundert die Reste abgebrochen hatte, war das Bodenniveau um rund 1,70 Meter angehoben worden. Die dreischiffige Kirche fand sich an der Nordseite des Platzes und erstreckte sich mit ihrem Chor bis an die Augustinergasse, während der Vorraum bis an die Stadtmauer reichte. Der Garten schloss im Süden in Höhe des Hexenturmes ab. Der Grabungsplan gibt neben der Lage der Kirche auch die des Kreuzganges preis, wo sich 13 Schlusssteine im Schutt erhalten hatten.

Bis 1392 war der um 1380 errichtete Hexenturm – hier in einer Ansicht um 1900 – Bestandteil der westlichen Stadtbefestigung. Heute ist er der einzige Überrest davon. Seine barocke Gestalt mit dem gewalmten Dach erhielt er erst beim Wiederaufbau um 1700 nach den Zerstörungen des Pfälzischen Erbfolgekrieges. Neben seiner Bezeichnung Hexenturm wurde der Turm auch Diebsturm genannt. Auch wenn der Turm heute Bestandteil des Bauensembles der Neuen Universität ist, nimmt doch die Bezeichnung der Straße westlich des Turmes der Grabengasse Bezug auf die ursprüngliche Situation. Bis ins 18. Jahrhundert trennten Mauer und Graben Alt- und Vorstadt voneinander. Zu den baulichen Relikten gehörte weiter nördlich auch der Mitteltorturm.

Anlässlich des Neubaues von Karl Gruber wurde der bis dahin frei stehende Hexenturm in den Komplex der nunmehr Neuen Universität integriert. Die bislang geschlossenen Arkaden zum Binnenhof wurden dabei geöffnet und das untere Geschoss zwischen dem Herbst 1932 und dem Sommer 1933 zu einer „Gedenkhalle für die Weltkriegs-Gefallenen der Universität" umgestaltet. Die angebrachten Steinplatten nahmen die Namen von rund 500 Verstorbenen auf, darunter Studenten, Dozenten und Mitarbeiter der Universität. Die Rückwand erhielt ein großes Kreuz. Die Ansicht zeigt den Turm in der ersten Hälfte der 1930er Jahre.

Portal der Neuen Universität nach der NS-Umgestaltung 1936

drei Tagen Wasser und Brot indes durfte die Verpflegung auch von außen her erfolgen, außerdem war der Besuch von Vorlesungen und von Mithäftlingen gestattet. Die Gründe der Karzerhaft waren vielfältig und reichten von nächtlicher Ruhestörung, bisweilen gepaart mit grobem Unfug bis zu Zusammenstößen mit der Polizei. So konnten Studenten bis zu vier Wochen in den Räumen verbringen, die heute Namen wie „Sanssouci", „Grand Hotel" oder

Blick in die Aula der Neuen Universität Mitte der 1930er Jahre. Das Innere erinnert in seiner Gestalt an eine mittelalterliche Emporenhalle. Verschwunden ist bereits die Büste von Jacob Gould Schurman. Stattdessen „schmückten" die Insignien der neuen Nachthaber die Stirnfront. 1938 wurde hinter dem Rednerpult zusätzlich eine Hitlerbüste aufgestellt.

Blick in den Senatssaal im Gebäude der Neuen Universität in der Mitte der 1930er Jahre.

„Thronsaal" mit Blick auf die Toilette tragen und allesamt bis unter die Decke mit Porträts und Bildern aus Kerzenruß und Wasserfarben geschmückt sind.

Neue Universität

An Stelle des Museumsgebäudes bzw. Neuen Kollegienhauses am Ludwigsplatz entstand 1930/1931 nach Plänen des Danziger Architekten Karl Gruber (1885–1966) der Bau der Neuen Universität. Die Mittel dazu entstammten einer US-amerikanischen Spende, die der US-Botschafter in Berlin und ehemalige Heidelberger Student Jacob Gould Shurman (1854–1942) vermittelt hatte und die für das dringend benötigte neue Hörsaalgebäude bestimmt waren. Mehr als eine halbe Million Dollar kamen zusammen, unter anderem gespendet von Walter P. Chrysler und John D. Rockefeller. Gruber entschied sich beim Bau für eine „zeitgemäße und sachliche Architektur, aber nicht im Sinne der Moderne". So ist auch Reaktion des Dehio nachvollziehbar, der das Gebäude inmitten der Altstadt, als „selbstbewußten Akzent" beschreibt, jedoch

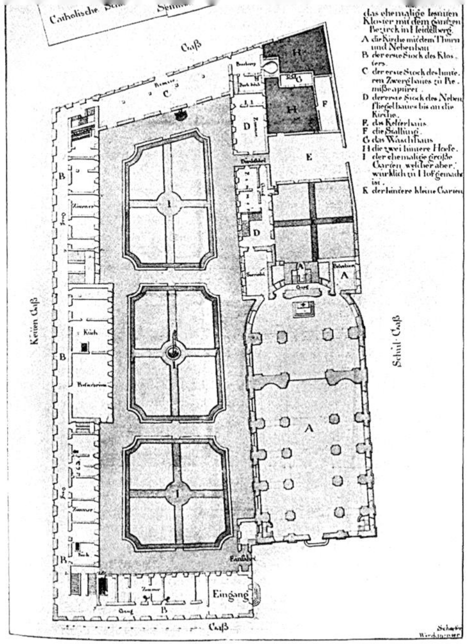

Unmittelbar am Platz vor der Jesuitenkirche befindet sich das ehemalige Wohnhaus des Universitätsbuchhändlers Lörinck. 1718 entstand es nach Plänen Sigismund Zellers, der 1707 im Alter von 27 Jahren in kurpfälzische Dienste getreten war und zunächst eine Anstellung als „Cabinetts-Tischler", in der Folge die Stelle des Hof- und Kabinett-Schreiners innehatte. Lange bevor er von Kurfürst Carl Philipp als Nachfolger Johann Adam Breunigs zum Hofbaumeister ernannt wurde, hatte er bereits als Architekt gewirkt. Das ehedem zweigeschossige Gebäude mit charakteristischem Mansarddach erhielt im 19. Jahrhundert seine heutige Gestalt. Seit 1904 wird das Haus von der Universität Heidelberg genutzt. Besonderer Blickfang ist die Peter van den Branden zugeschriebene Eckfigur der Maria zum Siege mit Christuskind und einer das Böse vernichtenden Kreuzeslanze.

Grundriss des Jesuitenkollegs von Werkmeister Schaefer, 1804. Blick auf das Erdgeschoss mitsamt der barocken G tenanlage. Am 25. Mai 1804 hatte Schaefer von der Uni sität den Auftrag erhalten „von dem UniversitätsGebäu wie auch von dem ehemaligen JesuitenCollegio sowohl a Grundriße, zur Einsicht der Höhe jeder Etage zu verfert gen". Am 26. Juli 1703 war der Grundstein zum Jesuite kolleg gelegt worden. Ähnlich wie andere Gebäude erhi ten die Jesuiten vom Kurfürsten Baumaterial vom Dicke Turm des Schlosses (500 Fuhren herabgefallene Steine) s wie Sand aus dem Graben vor dem Speyerer Tor. Bereits Ende 1703 war das Mauerwerk des ersten Stocks großen teils fertig. Ende 1704 waren weite Teile des dreigeschos sigen Gebäudes eingedeckt. Trotz weiteren Ausbaues 17 erfolgte die Vollendung erst zwischen 1732 und 1734.

auch dessen ‚rücksichtslose Proportionen' angeprangert. Wie der Vorgängerbau ist die Hauptfassade zum nunmehrigen Universitätsplatz orientiert, während auf der Rückseite der West- und Südflügel mit dem mittelalterlichen Hexenturm einen Innenhof bilden. Der schlichte Putzbau mit seinen glatten Wandflächen wird allein durch die unterschiedlich gestalteten, in Höhe und Breite variierenden Fenster gestaltet. Nur kurze Zeit war der über dem Hauptportal angebrachten Inschrift „Dem lebendigen Geist" beschieden, die der Germanist Friedrich Gundolf (1880–1931) vorgeschlagen hatte und die nach 1936 der Inschrift „Dem deutschen Geist" weichen musste. Ebenso wurde die Pallas Athene durch Otto Schließlers (1885–1964) martialischen Adler ersetzt und erst nach dem Zweiten Weltkrieg in der ursprünglichen Form wiederhergestellt. Die Einweihung des Gebäudes 1931 gestaltete sich bereits unter dem Eindruck des aufkommenden Nationalsozialismus mit Demonstrationen und Stinkbomben.
Allerdings waren die Festlichkeiten selbst mit einer technischen Premiere verbunden: erstmals gelang in der Geschichte des deutschen Rundfunks eine Direktverbindung in die USA, bei der neben Shurmann und dem Anglisten Hoops auch ein amerikanischer Student und eine deutsche Studentin sprachen. 1961 wurde vor der Aula der Neuen Universität außerdem eine Gedenktafel für Jacob Gould Schurman enthüllt.

Blick von der Heugasse auf die Fassade der Jesuitenkirche in den 1920er Jahren

Jesuitenkirche

Als Träger der Rekatholisierungsbemühungen in der vorwiegend evangelischen Pfalz ließen die Jesuiten zwischen 1712 und 1723 durch Johann Adam

Zu den besonders wertvollen Stücken des Innenraumes, hier in der Ansicht um 1910, gehörte der barocke Hochaltar von 1747/48, dessen Entwurf vermutlich auf Alessandro Galli da Bibiena (1696–1757) zurückgeht und dessen Skulpturen der Mannheimer Hofbildhauer Paul Egell schnitzte. 1871 empfand man diesen Altar als „hässlich" und „unförmlich" und ersetzte ihn durch einen zeitgenössischen. Dessen Fresko mit der Darstellung der Ausgießung des Heiligen Geistes und der Pfingstpredigt des heiligen Petrus schuf der Kaulbach-Schüler Andreas Müller zwischen 1870 und 1875. 1872 fügte Johannes Steinhäuser die neue Kanzel aus Laaser Marmor hinzu, deren Entwürfe auf den Architekten Otto von Mayrhauser zurückgehen. Die Brüstungsreliefs schuf der Karlsruher Akademieprofessor Carl Steinhäuser (1813–1879), ehedem Schüler von Christian Daniel Rauch (1777–1857) und Bertel Thorvaldsen (1770–1844). Bereits 1866 hatte Carl Steinhäuser der Kirchgemeinde den spätklassizistischen Osterleuchter zum Gedenken an seine verstorbene Frau Pauline gestiftet.

Breunig die gleichnamige Kirche errichten und weihten sie am 15. Mai 1723 dem Heiligen Geist und dem heiligen Ignatius von Loyola. Zu diesem Zeitpunkt waren von dem 65 Meter langen und 30 Meter breiten dreischiffigen Gotteshaus gerade einmal der Chor samt den nach Süden hin angrenzenden beiden Sakristeien vollendet, während das Langhaus und die prächtige Fassade im Norden zu einem Drittel emporgewachsen waren. Erst in einer zweiten Bauphase zwischen 1748 und 1749 konnte das nach dem Vorbild von Il Gesù in Rom – der Hauptkirche des Ordens – errichtete Bauwerk mit kurfürstlicher Unterstützung unter der Bauleitung des Hofarchitekten Franz Wilhelm

Rabaliatti vollendet werden. Noch immer aber fehlte der Turm, den der erzbischöflichen Baumeister Friedrich Federle zwischen 1866 und 1872 hinzufügte. Die Stockungen beim Bau spiegelten die politischen Entwicklungen wider, die im Heidelberger Kirchenstreit bis 1720 kulminierten, als sich Johann Wilhelms Nachfolger Carl Philipp entschlossen hatte, seine Residenz nach Mannheim zu verlegen – mit einer neuen Jesuitenniederlassung in Schlossnähe. Die dekorativen Steinmetzarbeiten an der Fassade werden Johann Adam Bitterich zugeschrieben, der ab 1745 ähnliche Arbeiten in Mannheim ausführte, die Statuen hingegen entstammen der Werkstatt von Hofbildhauer Paul Egell. Über den Seitenportalen sind zur Linken die Heiligen Ignatius von Loyola und zur Rechten Franz Xaver, in der Giebelmitte Christus mit Weltkugel und Kreuz dargestellt. Auf der Giebelspitze und auf beiden Seiten der Scheinfassade finden sich die Darstellungen der Kardinalstugenden Glauben (oben), Liebe (links) und Hoffnung (rechts). Das Innere blieb im Barock unvollendet. Die lichte Weite verdankt der Innenraum den heute fehlenden Emporen, die sonst ein Charakteristikum von Jesuitenkirchen sind. Teile davon waren vorhanden, ebenso eine reichere Ausstattung, die infolge der Zweckentfremdung des Gotteshauses als Magazin und Lazarett während des Ersten Koalitionskrieges 1792 bis 1797 zugrunde ging. Nach ersten Absichten das auf uraltem Universitätsgrund errichtete Gotteshaus zur Universitätsbibliothek und Aula umzugestalten erhielt die Jesuitenkirche 1808 die Funktion als einziger katholischen Pfarrkirche Heidelbergs. Im Rahmen der Instandsetzung 1808/1809 wurden die Altäre und die Orgel aus der Heiliggeistkirche hierher überführt und aufgestellt und die Kirche am 1. November 1809 feierlich geweiht.

Bergbahn

Als die Bürgerausschuss-Sitzung 1887 zur Bergbahnfrage tagte, berichtete die Heidelberger Zeitung in ihrer Ausgabe vom 28. Mai über die Vorbehalte, die die einzelnen Gewerke mit dem Bau und Betrieb verbanden. „Unser Kutschergewerbe [...] werde durch eine Bergbahn ruinirt", hieß es. Außerdem würde der Passantenverkehr geschädigt, indem die Bergbahn dazu beitrüge „den Aufenthalt in unserer Stadt abzukürzen". All die Einwände konnten die Befürworter und die Stadtväter nicht von ihrem Vorhaben abbringen. Am 25. Juni 1888 erhielt die Heidelberger Straßen- und Bergbahn Gesellschaft Leferenz & Co. die begehrte Konzession und bereits knapp zwei Jahre später wurde am 30. März 1890 die untere Bergbahn eingeweiht. Die kombinierte Drahtseil- und Zahnradbahn überwand vom Kornmarkt bis zur Molkenkur eine Distanz von 489 Metern und sie geriet zum Erfolg. Im

Blick auf die Bergbahn, 1907.

Eröffnungsjahr wurden 7 885 Wagen-Kilometer zurückgelegt und 189 904 Menschen befördert. Erst 1906/07 folgte die Vollendung der Strecke durch einen zweiten, getrennten Abschnitt von der Molkenkur zum Königstuhl. Die untere Bergbahn weist an ihrer steilsten Stelle eine Steigung von 43 Prozent auf, die obere an ihrer steilsten Stelle 41 Prozent mit einem Höhenunterschied von 261 Metern. Die alte untere kombinierte Bergbahn wich 1961/62 einer reinen Standseilbahn. Die alten Wagen wurden verschrottet, dafür zwei Doppelwagen mit jeweils einhundert Sitzplätzen angeschafft.

Palais Graimberg

In Blickweite des Schlosses – an der Südostecke des Kornmarktes (Haus Nr. 5) – erwarb Charles de Graimberg (1774–1864) im Jahre 1839 das heute nach ihm benannte Palais. Der Retter des Heidelberger Schlosses war 1810 eher zufällig nach Heidelberg gekommen, um das Neckartal mit der romantischen Schlossruine zu zeichnen. Vom Schloss derart begeistert mietete er sich in der Anlage ein und widmete sich seitdem ganz der Erhaltung der Ruine. Das in der ersten Hälfte des 18. Jahrhunderts am Kornmarkt entstandene vierflügelige Palais diente Graimberg als Wohnhaus und als Museum seiner umfangreichen Altertümersammlung, die den Grundstock zum nachmaligen Kurpfälzischen Museum bildete. Das gotisierende Maßwerk in den zum Kornmarkt hin gelegenen beiden Rundbogenöffnungen des Erdgeschosses und

Kornmarkt mit Palais Graimberg und Schloss, 1881

den Balkongeländern darüber stammt aus der Zeit der Romantik. Hier eröffnete Graimbergs Enkelin Gräfin Maria von Graimberg (1879–1965) 1911 die 1977 nach Freiburg/Br. verlegte erste Katholische Soziale Frauenschule des Deutschen Reiches. Im Laufe ihrer 39-jährigen Tätigkeit bildete sie über 1 000 junge Frauen zu Sozialarbeiterinnen aus.

Der eigentliche viereckige Platzraum des Kornmarktes, so wie er heute bekannt ist, entstand nach dem Stadtbrand 1693, nachdem der Platz bereits 1622 den Namen „New Marckt" geführt hatte. Den Platzmittelpunkt markiert die so genannte Kornmarktmadonna Peter van den Brandens, eine Stiftung des Kurfürsten Carl Philipp von 1718. Der Kornmarkt diente im 18. Jahrhundert als Exerzierplatz des pfälzischen Militärs, „mit dem Schnappgalgen, auf welchem die Namen der Deserteurs angeschlagen gewesen". Im nahen Hotel „Prinz Carl" logierte 1850 der spätere Kaiser Wilhelm I., der, so wird erzählt, „sein eigenes Feldbett mitbrachte".

Künstlerisch gilt die Kornmarktmadonna als „eine der besten Barockskulpturen Heidelbergs" (Dehio). Die von Engeln getragene Wolkenpyramide trägt eine goldene Erdkugel mit der Muttergottes und dem Jesusknaben. Jesus tötet mit der Kreuzlanze die zu Füßen lauernde Drachenschlange. Die Inschrift lautet: „NON STATVAM AVT SAXVM SED QVAM DESIGNAT HONORA. NOCH STEIN, NOCH BILD, NOCH SAVLEN HIER, DAS KIND VND MVTTER EHREN WIR". Ursprünglich als reine Mariensäule gestaltet, erhielt das Denkmal 1830 eine Funktion als Denkmalsbrunnen. Auch die Brunnenanlage war nicht endgültig, sondern erfuhr wiederholt Umgestaltungen, bei denen das ehedem oktogonale Becken durch vier Muschelbecken ersetzt wurde und das getreppte Podest mit den Kettenpfosten hinzugefügt wurde. Zur Entstehung des Mariendenkmals diente es als bewusste Provokation der Heidelberger Protestanten.

Karlsplatz

Der Karlsplatz gehört neben dem Kornmarkt, dem Universitäts- und Marktplatz zu den vier Platzräumen der Heidelberger Ur-Altstadt. Er liegt in der östlichen Hälfte der Oststadt und ist nach dem Abbruch des Franziskanerklosters 1803 auch der jüngste der vier Plätze. Seine annähernd rechteckige Gestalt wirkt durch die nahezu zweigeschossige Bebauung harmonisch. Mit dem Großherzoglichen Palais (Akademie der Wissenschaften) auf der Platzsüd- und dem schräg gegenüber liegenden Palais Sickingen-Boiserée besitzt der Karlsplatz gleich zwei kulturhistorisch herausragende Gebäude. Nicht zuletzt durch Friedrich Rottmanns Aquarell „Einzug der Russen" von 1815 wurde der neue Platz auch künstlerisch entdeckt. Der damals noch baumlose Platz erhielt später eine Einfassung aus Platanen.

Palais Boisserée

Das beherrschende Gebäude auf der Nordseite des Karlsplatzes ist das Palais Boisserée. Wie das

Großherzogliche Palais, diente auch das 1703 bis 1705 entstandene Palais als adeliger Wohnsitz und zusätzlich als Sitz der Kanzlei. Zuhause war hier der kurpfälzische Hofkammerpräsident Franz von Sickingen, dessen Namen das Palais lange Zeit trug. Beim Bau fanden Steine des gesprengten Dicken Turms des Schlosses Verwendung. Seiner Doppelfunktion als Wohnhaus und Verwaltungsgebäude folgte der Grundriss des an der Nordseite liegenden Treppenhauses samt Korridor, der die Zimmer zum Karlsplatz hin erschloss. Zwischen 1810 und 1819 lebten und wirkten hier die aus Maastricht stammenden Brüder Sulpiz (1783–1854) und Melchior Boisserée (1786–1851) als Mieter des Hauses. Den Hauptanziehungspunkt des Hauses bildete die Kunstsammlung der Brüder – eine Sammlung altdeutscher und niederländischer Gemälde, die sich heute in der Alten Pinakothek in München befinden und für die sich Johann Wolfgang von Goethe während seiner Heidelbergaufenthalte 1814 und 1815 interessierte. Das zweigeschossige traufenständige Gebäude ist mit seinen 15 Fensterachsen ähnlich breit gelagert wie sein Pendant gegenüber. Die Mittelachse wird durch den dreiachsigen Mittelrisalit samt bekrönendem Dreiecksgiebel besonders betont. Sie zeigen bereits ein klassizistisches Gewand, denn nach dem Verkauf des Hauses 1826 an den badischen Staat wurde das Äußere umgestaltet. Das Palais wurde in der Folge als Stadt- und Landamt, als Landratsamt und in der NS-Zeit 1933 bis 1937 als Polizeidirektion genutzt, bis 1974/75 das Germanistische Seminar der Universität einzog.

Blick vom Friedrichsbau des Schlosses auf den Karlsplatz und das Schmitthennerhaus. Im Hintergrund fällt der Blick auf den Neckar samt Alter Brücke.

Blick auf das Großherzogliche Palais in den 1920er Jahren

Großherzogliches Palais

Zu den beherrschenden Bauten des Karlsplatzes gehört neben dem Palais Boisserée das Großherzogliche Palais auf der Platzsüdseite – heute Sitz der Heidelberger Akademie der Wissenschaften. Die Baugeschichte des Hauses an der Karlstraße 2 ist mit zahlreichen Eigentümerwechseln verbunden. Sie beginnt mit Carl Philipp Freiherr von Hundheim, der 1714 das Grundstück von den Brüdern Cloß erwarb und den Darmstädter Hofarchitekten Louis Remy de la Fosse (um 1659–1726) mit dem Bau beauftragte. Das 1717 begonnene Palais fiel jedoch bereits 1718 an Adamo Ernst von der Sachs und seine Frau Maria Franziska Antonia geborene Freiin von Landsee. Zu diesem Zeitpunkt waren lediglich das Mauer- und Dachwerk des zweigeschossigen Zeilenhauses vollendet. Und den Sachs-Landsee wurde der Bau 1719 einschließlich der Seitenflügel vollendet. Das gemeinsame Allianzwappen findet sich an der Stuckdecke des Großen Saales wieder. Das Äußere des Palais ist durch den hohen Mittelrisalit mit halbkreisförmigem Giebelschluss besonders betont, während auf der Südseite – für die Passanten uneinsehbar – ein Garten anschließt, zu dem eine Freitreppe hinabführt. Zur Gartenseite hin orientiert sind auch die Wohnräume des Hauses – angelegt als „Appartement doble“ mit dem Großen Saal in der Mitte. Bauzeitliche Stuckaturen finden sich neben dem Großen Saal auch im Treppenhaus. Aus der Werkstatt von Joseph Anton Pozzi sind die klassizistischen Stuckarbeiten in den Haupträumen auf der Seite zum Karlsplatz. 1767 verfasste der kurfürstliche Oberbaudirektor Nicolas de Pigage(1723–1796) für die Kurpfälzische Regierung ein Gutachten zum Kauf des Hauses zur Einrichtung eines ständigen Oberamtshauses. Mit der Übergabe am 12. November 1768 brachte man hier die kurpfälzische Landschreiberei unter. Nach dem Übergang an Baden richtete man das Palais als Wohnhaus für die Studienaufenthalte der groß-

Blick vom Garten auf das Mittermaierhaus, um 1900

herzoglichen Söhne her und gestaltete die Fassade im Stil des Klassizismus um. Nach dem Übergang an die Großherzogliche Zivilliste erhielt es 1854 den Namen Großherzogliches Palais. Seit 1920 ist es Sitz der Heidelberger Akademie der Wissenschaften.

Haus Mittermaier

Das Mittermaierhaus in der Karlstraße 8 ist „eines der interessantesten und am besten erhaltenen barocken Bürgerhäuser der Altstadt" (Dehio). In dem um 1716 erbauten zweigeschossigen Haus lebte um 1770 der Medizinprofessor Franz Innozenz Gabriel Schönmetzel und von 1785 bis 1822 der berühmte Gynäkologe und Medizinprofessor Franz Anton Mai. Mais Schwiegervater Peter Anton von Verschaffelt (1710–1793), ließ das Haus 1785 bis 1790 umbauen und innen völlig neu ausgestalten. Eine Reihe von plastischen Arbeiten Verschaffelts haben sich im Innern erhalten, darunter Reliefabgüsse seiner Arbeiten für das Palais Bretzenheim in Mannheim. Beim Umbau Ende des 18. Jahrhunderts entstanden auch die beiden Flügel auf der Gartenseite (Foto). Eine gerundete Sandsteintreppe führt in die terrassierte Gartenanlage. Der heutige Name des Hauses geht auf den berühmten Heidelberger Juristen, Publizisten und badischen Liberalen Carl Joseph Anton Mittermaier (1787–1867) zurück, der das Haus von 1821 bis 1867 bewohnte. Der Jurist wirkte seit 1821 in Heidelberg und fungierte als Herausgeber mehrerer juristischer und politischer Schriften. So wirkte er neben Karl Mathy (1807–1868) und Friedrich Daniel Bassermann (1811–1855) als Mitgründer der Deutschen Zeitung und als Autor des Staatslexikons von Rotteck und Welcker. Mittermaier erhielt 1838 das Ehrenbürgerrecht und gehörte 1848 dem Vorparlament als Präsident und vertrat 1848/1849 Baden-Baden in der Deutschen Nationalversammlung.

Blick auf die zweiläufige Treppe mit ihrem schmiedeeisernen Geländer um 1900. Die schmiedeeisernen Girlanden des Geländers wiederholen sich in der zeitgleich neu geschaffenen Portalumrahmung des Hauses.

Blick in die Hauptstraße nach Westen mit Haus Buhl (links), dem Turm von Heiliggeist und dem Ehrenhofgitter des Palais Weimar (rechts) in den 1920er Jahren.

Haus Buhl

Ein Portal im Louis-Seize-Stil samt zweiläufiger Treppe und elegantem, stilistisch passenden schmiedeeisernen Geländer bildet das Entrée zum Buhlschen Haus am östlichen Ende der Hauptstraße, unmittelbar gegenüber des Palais Weimar. Die Pläne zum Gebäude stammen jedoch aus dem frühen 18. Jahrhundert vom Architekten Johann Jacob Rischer, der das Haus 1722 für den Hofgerichtsrat und Mathematikprofessor Friedrich Gerhard von Lünenschloß erbaute. Das über hohem Sockel errichtete zweigeschossige, siebenachsige Wohnhaus wirkt mit seinem hohen Mansardwalmdach trotz seiner Anbauten wie ein Solitär. Die Fassadengestaltung

Palais Weimar, Gartenseite, um 1900

mit Pilastern und Putzlisenen zeigt deutlich Rischers Handschrift.
1752 kaufte die reformierte Gemeinde das Wohnhaus zum Zweck der Errichtung eines Spitals, verkaufte es jedoch 1763 an den Baron von Helmstatt. Die Umgestaltung im Louis-Seize-Stil fand zwischen 1770 und 1784 statt. Seinen Namen verdankt das Haus dem Juristen und Heidelberger Universitätsprofessor Heinrich Buhl (1848–1907), der es 1907 der Universität übereignete. Buhl selbst stammte aus Deidesheim, war der Sohn des Politikers und Winzers Franz Peter Buhl (1809–1862), der Kontakte zu den führenden liberalen Politikern Heinrich von Gagern und Friedrich Daniel Bassermann pflegte. Die Universität Heidelberg nutzt Haus Buhl seit 1907 als Gästehaus und als Ort für Konzerte und Veranstaltungen anderer Art.

Palais Weimar

Am östlichen Ende der Hauptstraße ließ sich 1714 der letzte kurfürstliche „Gubernator" von Heidelberg General Johann Hermann von Freudenberg-

Blick auf das Karlstor in Richtung Schlierbach mit dem Prestinarischen Haus, um 1890

Mariotte von Johann Adam Breunig seinen offiziellen Wohn- und Amtssitz errichten. Für die um einen Ehrenhof herum errichtete Dreiflügelanlage hatte Freudenberg-Mariotte ab 1710 stückweise das damals vor dem Obertor gelegene Baugelände zusammengekauft. Zwei Fischerhäuser mussten dem Neubau weichen. Zu Baubeginn war nur noch ein „wüster und öder Plazz“ vorhanden. Der vollendete Bau präsentierte sich zweigeschossig mit ausgebautem Mandarddach, eingeschossigen Ehrenhofflügeln und nahezu quadratischem Ehrenhof, den ein Eisengitter auf durchgehendem Sandsteinsockel und Zwischenpfeiler von der damaligen Oberen Straße schied. Unter Kurfürst Carl Theodor zog 1770 eine Zitz- und Kattunmanufaktur ins Gebäude. Doch bereits 1784 verlegte der Kurfürst die Physikalisch-Ökonomische Gesellschaft von Lautern (heute: Kaiserslautern) nach Heidelberg, wo sie den Namen Staatswirtschaftliche Schule erhielt. In der Zeit der schulischen Nutzung wurde auch der teils auf einer Schwibbogenkonstruktion ruhende Garten umgestaltet und als botanischer Versuchsgarten neu angelegt. Einen festlichen Höhepunkt erlebte das Palais, als große Teile des 400-jährigen Universitätsjubiläums hier stattfanden, wobei „die Herren Akademiker [...] nach angebrochener Nacht einen Purschenmäßigen Aufzug mit flameaux und türkischer Musik machten.“ 1803 wurde die Schule als Staatswissenschaftliche Fakultät der Universität angegliedert. 1818 schrieb das badische Ministerium das Palais schließlich zum Verkauf aus. Unter den drei Bewerbern fand sich auch die Stadt Heidelberg, doch erhielt der gebürtige Schotte James Mitchell den Zuschlag. Nun avancierte das Palais zum großbürgerlich-gesellschaftlichen Mittelpunkt eines literarisch und künstlerisch interessierten Kreises, bis es zur Jahrhundertwende in den Besitz des Bruders des regierenden Großherzogs von Sachsen-Weimar – Prinz

Wilhelm – geriet, der es mit seiner Frau und zwei Kindern bewohnte und dessen Namen es bis heute trägt. Eng mit dem Haus verbunden ist die 1921 vom Mineralogieprofessor Victor Goldschmidt als neuem Eigentümer begründete „Josefine und Eduard von Portheim-Stiftung für Wissenschaft und Kunst". Heute befindet sich hier das Völkerkundemuseum der v. Portheim-Stiftung.

Karlstor

Zu den bis in die Gegenwart erhaltenen Heidelberger Stadttoren gehört das am östlichen Ende der Hauptstraße gelegene Karlstor. Im Zuge der jüngeren Stadtbefestigung 1775 bis 1781 entstanden, ersetzte es das weiter westlich gelegene (äußere) Obertor. Die Pläne dazu stammten vom kurfürstlichen Oberbaudirektor Nicolas de Pigage. Dieser schuf eine streng klassizistische Triumphpforte, deren Skulpturenschmuck auf Peter Simon Lamine (1738–1817) zurückgeht. Bei den Verhandlungen um den Bau kam der Stadtrat 1773 zu der Überzeugung, dass man nicht „um etliche Tausend Gulden zu sparen, ein mittelmässiges Werk, eine ewige Schande für die älteste churfürstliche Residenz und den Sitz der Musen aufbauen" dürfe. Stattdessen entstand Pigages Werk in Anlehnung an das römische Triumphbogenmotiv als Huldigung auf Kurfürst Carl Theodor. Während die Stadtseite die Kurfürs-

Trotz seiner historischen Bedeutung fiel das vor dem Karlstor an der Schlierbacher Straße 3 gelegene Prestinarische Haus 1910 den Eisenbahnanlagen zum Opfer. Der russische Zar Alexander I. hatte hier vom 5. bis 25. Juni 1815 logiert, als die Verbündeten der Befreiungskriege ihr Hauptquartier aufgeschlagen hatten. Auf den prominenten Bewohner wies ein kleines Messingschild mit lateinischer Inschrift über dem Hausportal hin. Das Gebäude hatte der aus Manchester stammende Fabrikant William Middleton Pickford zu Beginn des 19. Jahrhunderts im Stil des Klassizismus errichten lassen. Nachdem später die Schlierbacher Landstraße erhöht worden war, nannte es die Bevölkerung nur noch das „Haus mit den versunkenen Säulen". Die Säulen selbst markierten die Gebäudemitte und trugen den darüber liegenden Balkon des siebenachsigen Mittelrisalits.

An Stelle des 1872/1873 erbauten ersten Bahnhofs der Odenwaldstrecke Heidelberg–Würzburg entstand 1934 bis 1938 der repräsentativere neue Karlstorbahnhof nach Plänen von Walter Lay. Bereits das Äußere mit der Pfeilerloggia auf der Eingangsseite konnte seine Entstehung in der Zeit des Nationalsozialismus nicht leugnen und auch das Innere spiegelte die Formensprache der Zeit wider (Foto). Das am 28. Juni 1938 kurz vor Eröffnung der „Reichsfestspiele Heidelberg" (18. Juli 1938) eingeweihte Gebäude gilt als typisches Beispiel für die „konservative Architektur" der NS-Zeit. Der Bahnhof selbst sollte nach der damals erst geplanten Verlegung des Hauptbahnhofes nach Westen helfen, die Innenstadt besser zu erschließen. 1994/95 wurde der Karlstorbahnhof zum Kulturzentrum umgebaut.

Zu den ältesten und traditionsreichen Studentenlokalen gehört das Gasthaus „Zum Roten Ochsen" im östlichen Teil der Hauptstraße. Das Haus selbst wurde 1703 errichtet und befindet sich seit 170 Jahren im Besitz der Familie Spengel. Am 7. September 1839 hat es der Metzger und Wirt Albrecht Spengel für 11 300 Gulden erworben und bis 1865 als Gastwirt geführt. Seinem Sohn Karl verdankt das Gasthaus seinen populären Ruf unter den Studenten, die ihn nur „Papa Spengel" nannten. Zu den Burschenschaften und Verbindungen, die sich im Ochsen trafen, gehörte die „Frankonia", „Rupertia" oder die „Hamburger Gesellschaft". Auch prominente Fernsehstars kehrten ein, so der unvergessene Peter Frankenfeld (1913–1979). Ein Spruch aus alten Studententagen bringt die Stimmung auf den Punkt, die bei vielen trinkfreudigen Kommilitonen herrschte: „Willst Du vom ochsen Dich erholen, mach Dich zum Ochsen auf die Sohlen!"

Die Wehr- und Schleusentoranlage Heidelberg befindet sich unweit der Alten Brücke bei Neckar – Kilometer 26,138. Das etwa in Höhe des Karlstores gelegene Bauwerk entstand 1927 bis 1929 nach Plänen von Paul Bonatz (1877–1956). Die Wehranlage Heidelberg ist eine von 18 entlang des gesamten Neckars, bei der die Schiffsschleuse einen Höhenunterschied von ca. 2,60 Meter überwindet. Jede der drei Wehröffnungen ist 40 Meter breit. Bonatz wollte „das technisch Bedingte in voller Reinheit darstellen" und „durch die Form die Funktion unterstreichen", wobei die Verkleidung aus rotem Sandstein ein Zugeständnis an die Nähe zur historischen Altstadt darstellte. Die Ansicht aus den 1930er Jahren zeigt die Anlage vom Heidelberger Schloss aus, rechts mit Blick auf das Schlosshotel.

Anders als beim Wieblinger Wehrsteg betonte Bonatz die architektonischen Gegensätze mit den hohen Kanten der Pfeiler zur Unterwasser- und dem niedrigen Steg zur Oberwasserseite. Die Stromerzeugung war am Karlstorwehr wegen der zu geringen Wassertiefe zunächst unterblieben. Erst 1994 bis 1998 wurde hier ein Wasserkraftwerk eingebaut, das sich weitgehend unter der Wasserlinie befindet. Die Ansicht zeigt die Wehranlage in den 1930er Jahren.

*Das heute mit Abstand bekannteste Studentenlokal ist der „Seppl“ in der Hauptstraße. Seine barocke Spitzgiebelfassade fällt zwischen all den traufenständigen Gebäuden sprichwörtlich aus dem Rahmen. 1704 wurde das Gebäude errichtet, wobei bereits im 17. Jahrhundert ein Gasthaus bestanden hatte. Seit 1884 ist der Seppl Corpslokal und im Sepp'l-Zimmer wurden die Wappenritter der damaligen fünf Heidelberger Corps in Glasfenstern verewigt. Den Namen erhielt die Gastwirtschaft nach ihrem einstigen Besitzer Seppl (Josef) Ditteney († 1890). Traditionell hat bis heute jedes Heidelberger Corps hier seinen eigenen Tisch. Die Fotografie zeigt das Innere in den 1930er Jahren. 1951 diente der Seppl als Schauplatz des Films „Heidelberger Romanze“ mit Liselotte Pulver (*1929) und O.W. Fischer (1915–2004).*

tenporträts Carl Theodors und seiner Frau Elisabeth Augusta zeigt, erblickte der nach Heidelberg kommende Besucher zunächst das von Löwen flankierte kurpfälzische Wappen. Das Innere gliedert sich in drei durch Wendeltreppen verbundene Geschosse, wovon Keller und Obergeschoss als Kerker und Arrestzellen genutzt wurden, während die beidseitig der Tordurchfahrt gelegenen Räume der Wachmannschaft dienten. Kostensparend war das Projekt indes nicht. Pigage bemerkte dazu 1780: „Bei einem Denkmal, dessen Bestimmung es ist, der Nachwelt den Ruhme eines guten Fürsten zu überliefern, darf man weniger an die Kosten denken, als vielmehr daran, ob die Ausgabe dem Wert des Monuments entspricht“. Erst Anfang der 1790er Jahre war das Tor vollständig bezahlt.

Haus Schmitthenner

Mit dem Namen von Nicolas de Pigage verbunden ist der Bau des Schmitthennerhauses in der heutigen Heiliggeiststraße 17. Ähnlich wie beim Buhlschen Haus verweist der heutige Name auf den 1890 bis 1907 hier lebenden Stadtpfarrer von Heiliggeist und Dichter Adolf Schmitthenner (1854–1907). Neben Erzählungen und Novellen gehörte der Roman „Das deutsche Herz“ zu seinen

Das Schmitthennerhaus in den 1920er Jahren

bekanntesten Werken. Errichtet worden ist das repräsentative zweigeschossige Gebäude 1790/1791 als Verwaltungsbau für die Kirchenratskanzlei der Pflege Schönau auf dem Terrain, auf dem sich vor der Zerstörung im Pfälzischen Erbfolgekrieg 1693 die Mühle und der Mönchhof der Zisterzienser aus Schönau befunden hatte. Charakteristisch ist die Gestaltung der Fassade für die Zeit des Übergangs zum Klassizismus mit dem noch dem Zopfstil zuzurechnenden Girlandenmotiv im Giebel des dreiachsigen Mittelrisalits. Nach 1915 lebte auch Schmitthenners Nachfolger Hermann Maas (1877–1970) im Gebäude Heiliggeiststraße 17, der aufgrund seines beispielhaften Eintretens gegen das NS-Regime 1952 zum Ehrenbürger der Stadt Heidelberg ernannt wurde.

Molkenkur

Die Molkenkur auf dem Kleinen Gaisberg oberhalb des Schlosses verdankt ihren Namen der 1853 von Albrecht Wagner eröffneten Molkenkuranstalt. Am 17. Februar 1853 hatte der Glas- und Porzellanmaler Wagner im Heidelberger Journal mit einer Privat-Anzeige die Eröffnung seiner Wirtschaft, „zugleich Molkenanstalt", empfehlend angezeigt. Den Rahmen dafür bot ein „Schwizer

Die Molkenkur, um 1900

Restaurant und Café Königstuhl in den 1930er Jahren

Hüsli", das an Stelle eines bescheidenen eingeschossigen Steinhauses getreten war. Wagner erkannte die Zeichen der Zeit, hatte doch im gleichen Jahr die erste Dampfschifffahrtslinie von Heidelberg nach Heilbronn und zurück ihren Betrieb aufgenommen – sozusagen als Verknüpfung zwischen den Eisenbahnstrecken Heidelberg-Mannheim-Frankfurt und Heilbronn-Stuttgart. 1906 gelangte die Stadt in den Besitz der Molkenkur, nicht zuletzt, weil der Ort einen der schönsten Ausblicke in der näheren Umgebung bot. Zudem sollte hier der zweite, 1907 eröffnete Abschnitt der Bergbahn zum Schloss beginnen. Ursprünglich hatte sich an der Stelle der Molkenkur die 1303 erstmals urkundlich erwähnte Obere Burg befunden. Sie wurde am 25. April 1537 durch Blitzschlag zerstört und 1622 durch die Burgschanze ersetzt. Ihre steinernen Aufbauten wurden 1693 geschleift.

Königstuhl

Der Heidelberger Hausberg misst 567,8 Meter. Ursprünglich erschloss ein von der Molkenkur herauf führender Fußweg den Gipfel, der schon früh zum bevorzugten Aussichtspunkt in die Umgebung ausersehen war. Noch weit vor dem Bau des alten Königstuhlturmes ab 1832 wurde am 18. Oktober 1814 abends sechs Uhr

Einen der frühen Aussichtspunkte stellte der am 28. September 1832 begonnene (Grundsteinlegung) und 1835 vollendete Königsstuhlturm dar, hier in einer Ansicht um 1920. Eine besondere Attraktion war der 1911 an der Außenseite angefügte elektrische Aufzug. 1959 wurde der Turm, dessen herrliche Aussicht vielfach gelobt wurde, abgerissen. Als Ersatz wuchs seit 1958 der 1960 vollendete neue Königsstuhlturm empor – nun in einer Kombination aus Aussichts-, Wasser- und Fernmeldeturm mit einer Höhe von 82 Metern (inklusive der Antennenanlage).

der Sieg über die Franzosen in der Völkerschlacht bei Leipzig feierlich begangen. Kirchenrat Wolf hielt eine Rede in deren Folge die „Anzündung eines Gedächtnisfeuers“ festlich begangen wurde. Eine Dreiviertelstunde etwa dauerte der Weg zumeist durch Nadelwald hindurchführende von der Molkenkur zum Gipfel. Eine andere Erschließung des Berges bot die so genannte Himmelsleiter. Dahinter verbirgt sich eine über 1200 unregelmäßige Stufen umfassende Treppenanlage vom Schloss hinauf zum Königstuhl, die 1844 unter dem Bezirksförster Adam Lehmann entstanden war und 270 Höhenmeter überwand. Seit dem 1. Juni 1907 erschloss die obere Bergbahn als Standseilbahn das Terrain und bot neben dem Städtischen Restaurant eine zusätzliche Attraktion für die Ausflügler. Während sich Turm und Restaurant sich auf dem nördlichen Gipfel erhoben, nutzte die Großherzogliche Badische Landessternwarte den

Am 20. Juni 1898 wurde die auf dem Westgipfel des Königstuhls gelegene „Großherzogliche Bergsternwarte" durch Großherzog Friedrich I. von Baden feierlich eingeweiht. Ihr ursprüngliches Instrumentarium erhielt sie aus der 1774 gegründeten Mannheimer Sternwarte, die aufgrund der zunehmenden Verschlechterung der Beobachtungsbedingungen 1880 provisorisch nach Karlsruhe verlegt worden war. An die Stelle des Provisoriums traten drei mögliche Standorte, darunter der Königstuhl. Betrieben wurde die Einrichtung vom Astronomischen Institut der Universität Heidelberg. Dort konkurrierten die astrophysikalische Abteilung Max Wolfs und die astrometrische unter Wilhelm Valentiner, einstigem Direktor der Mannheimer Sternwarte miteinander. Zu den Hauptarbeitsgebieten der neuen Bergsternwarte gehörten die Untersuchung kosmischer Gasnebel sowie die Suche nach Kleinplaneten. Die Abbildung zeigt die damalige Landessternwarte in den 1930er Jahren.

südlichen Teil des Königstuhles. Dieser ist nicht zuletzt auch axialer Bezugspunkt zum Schwetzinger Schloss, das nach Westen seine Entsprechung im 673 Meter hohen Kalmit findet.

Der Speyerershof verdankte seinen Namen dem Heidelberger Bürgermeister Speyerer, auf dessen Anregung hin am Hang des Großen Gaisberges 1853 Wirtschaft und Sommerfrische des Speyererhofes entstanden. Diesem Ursprungsbau folgte 1927 ein Neubau für das von Albert Fraenkel (1864–1938) initiierte Mittelstandssanatorium Speyerershof. Der Mediziner Fraenkel, Tuberkulose- und Herzforscher, bekannt durch seine intravenöse Strophantintherapie, ließ ein Gebäude nach den modernsten krankenhausarchitektonischen Vorgaben errichten, das 1927 vollendet wurde. 80 Betten standen dort zur Verfügung, um Patienten mit Fettsucht, Gicht, Magen- und Darmerkrankungen, aber auch Nierenkrankheiten und Diabetes zu behandeln. Der Kernbau steht heute unter Denkmalschutz.

(Abb. linke Seite) Völlig isoliert vom Stadtgebiet und doch zur Altstadt gehörend liegt der Kohlhof inmitten eines Waldgebietes auf dem Königstuhl. Rund zwanzig Gehminuten von der Landessternwarte entfernt liegend, findet sich die der Stadt gehörende Siedlung, die ihren Namen der Köhlerei verdankt, die den Ursprung der Siedlung bildete. Auf dem Busenbrunnerhof wurden im 18. Jahrhundert Emigranten aus der Schweiz und Oberitalien angesiedelt. Bereits um die Jahrhundertwende war der 450 Meter über Normal null gelegene Kohlhof wegen seines besonderen Klimas, seiner Lage und der guten Luftqualität als Sommerfrische und Luftkurort beliebt. Diesem Umstand trug das Kohlhof-Hotel samt Restaurant (Foto) Rechnung. Auch als Rückzugsort für Künstler war der Kohlhof beliebt. So lebte der russische Künstler und Bildhauer Igor von Jakimow (1885–1962) in den 1930er Jahren zeitweilig hier.

II. Bergheim

Städtisches Hallenschwimmbad

Als erste Einrichtung seiner Art eröffnete 1906 das Städtische Hallenbad in der Bergheimer Straße seine Pforten. Neben einer Schwimmhalle für Damen und Herren gehörten Wannen-, kohlensaure und Brausebäder sowie solche mit

Städtisches Hallenschwimmbad, Blick in die Herrenschwimmhalle, um 1910.

Fichtennadeln ebenso zu den angebotenen Leistungen wie Dampfbäder, Elektrische Lichtbäder und Massagen. Geschaffen hat Franz-Sales Kuhn das Gebäude von 1903 bis 1906 für den Geschäftsmann Alois Veth. Veth betrieb in Heidelberg eine Bauschreinerei nebst Glaserei und Parkettgeschäft, verlor jedoch nach kurzer Zeit infolge Konkurses und Zwangsversteigerung sein Vermögen. 1907 folgte die Stadt Heidelberg als Eigentümerin des Bades. Der Bau – eine Mischung aus neoklassizistischen Elementen und solchen des Jugendstils ist ein baukünstlerisches Juwel, wenngleich außen eher schlicht geraten. Die beiden Schwimmhallen sind dabei bereits erkennbar und liegen annähernd im rechten Winkel zueinander mit 250 bzw. 450 Kubikmeter Fassungsvermögen der Becken und bereits ausgestattet mit einem „Ozonisator“ ausgestattet. Was unterblieb war die Anlage eines repräsentativen Haupteinganges. Dafür hatten die beiden Schwimmhallen eine Korbbogentonne (Herrenbassin) bzw. eine Decke nach dem Konstruktionsprinzip der Hagia Sophia (Damenbassin) erhalten. Mit der Eröffnung des Hallenbades im Darmstädter-

Blick in den Innenraum des Capitol-Lichtspieltheaters nach der Eröffnung 1927.

Blick auf das Hygiene-Institut von Joseph Durm, um 1900. Das von 1889–1891 entstandene Gebäude ist Teil der 1887 bis 1903 durch den Karlsruher Architekten stilistisch geprägten Anlage des Bergheimer (Alt-) Klinikums. Durm, der die „phantasielose Nüchternheit" in der Architektur kritisierte und selbst nur für Fabrik- und Ökonomiegebäude gelten ließ, schuf mit dem Hygiene-Institut einen von der italienischen Renaissance beeinflussten Bau. Erstmals gelang es dem Architekten dabei, die Eingänge wie bisher geschehen nicht in der Symmetrieachse anzuordnen. Die wohlgeformten Proportionen seines Gebäudes wurden bereits 1910/11infolge der Aufstockung durch Julius Koch erheblich gestört.

Hof-Zentrum kam 1978 das Aus für das nunmehr alte Städtische Hallenbad. Heute wird das Gebäude vor allem von den Associated Heidelberg Artists (AHA!) als Veranstaltungsraum genutzt.

Kinotheater „Capitol"

Vergeblich sucht man heute in der Bergheimer Straße 59 nach dem Kinotheater „Capitol". 1973 wurde der expressionistische Bau mit seiner charakteristischen roten Backsteinfassade zugunsten eines Hotelneubaues abgerissen. Schon kurz nach seiner Eröffnung hatte der 1927 von Paul Darius (1893–1962) errichtete Kinopalast, wegen „seiner Schönheit und guten Musik wie Lichtbildaufführungen" zu den beliebten gesell-

Mit dem Bau des Hauptgebäudes der Universitätsklinik in Bergheim versuchte man den beengten Verhältnissen des Klinikstandortes (Heute: Altklinikum) entgegenzuwirken. In den Jahren 1919 bis 1922 entstand nach Plänen Ludwig Schmieders der Neubau, der am 22. Juli 1922 eingeweiht wurde und in der Folge den Namen seines ersten Direktors Ludolf (von) Krehl (1861–1937) erhielt. Schmieder orientierte sich dabei an barocken Schlossanlagen, indem er die neobarock gestaltete Dreiflügelanlage aus zentralem Hauptgebäude und den beiden Seitengebäuden um einen begrünten Ehrenhof legte. Ehedem hatte sich an gleicher Stelle der Botanische Garten befunden, wovon Teile des Baumbestandes und des Alpinums in der umgebenden Anlage verblieben. Das fünfachsige Hauptgebäude betonte Schmieder durch einen Fassadenfries, den säulenverzierten Portalvorbau samt bekrönendem Medaillon aus Äskulapstab und Eichenkranz – geschaffen von Adolf Sauter.

schaftlichen Orte der Stadt gehört. Darius errichtete etwa zeitgleich das Mannheimer Capitol-Kino. Das Innere fasste über 1200 Sitzplätze und verfügte wie viele Kinotheater dieser Zeit über eine Kinoorgel, die über den Abriss des Gebäudes gerettet werden und in den Königssaal des Heidelberger Schlosses eingebaut werden konnte. Das Orgelwerk war bei Walcker in Ludwigsburg als „Oskalyd-Orgel mit Fernwerk“ entstanden. In der „Oskalyd-Or-

Das Radium-Solbad in den 1930er Jahren.

gelbau G.m.b.H." hatten sich seinerzeit Walcker, Sauer, Furtwängler & Hammer und Luedtke zusammengeschlossen, die mit 43 Prozent der ehedem in Deutschland vorhandenen Kinoorgeln den höchsten Marktanteil erreichten. Das Heidelberger Instrument kostete den Kinobesitzer, den Ungarn Eugen Romhanny stolze 100 000 Reichsmark. Die Heidelberger fanden schnell einen passenden Namen für das umständliche Wort „Oskalyd" und nannten das Instrument fortan „Eukalyptusorgel". Nach der letzten Vorstellung am 2. Juni 1971 schloss das „Capitol" seine Pforten.

Radium-Solbad

Mit dem 1924 bis 1928 an der Vangerowstraße entstandenen Radium-Solbad schuf der Heidelberger Architekt Franz-Sales Kuhn sein einziges neoklassizistisches Gebäude. Bereits im Jahr im seiner Eröffnung wurde die neue von der Heidelberger Kurhaus AG betriebene und unmittelbar neben dem Bergheimer Klinikstandort errichtete Einrichtung in Schmieders „Führer durch Heidelberg und Umgebung" als Sehenswürdigkeit eingestuft, wurde doch „das heilkräftige Wasser [...] vor allem wegen seiner überraschenden

Bereits vor dem Ersten Weltkrieg bestand in Bergheim der Wunsch eines eigenen kirchlichen Zentrums. Mit dem Bau des Lutherhauses an der Kirchstraße in den Jahren 1926 bis 1928 versuchte der Architekt Philipp Hettinger die unterschiedlichen Funktionen eines Gemeindehauses in einem Gebäude zu vereinen. Neben dem zentralen 800 Plätze fassenden Gemeindesaal fanden sich hier Geschäftsräume der Luthergemeinde, Konfirmandenraum, Sitzungszimmer sowie Wohnungen, die Hettinger jeweils durch unterschiedliche Treppenanlagen erschloss. Seit dem 1. Januar 2000 ist die Stadt Heidelberg neue Eigentümerin des Lutherhauses, die es vor allem als Städtische Musikschule nutzt.

Erfolge bei Rheuma und ähnlichen Krankheiten viel verwendet". Zehn Jahre vor der Fertigstellung des Bades war 1918 am südlichen Neckarufer eine Radiumsolquelle entdeckt worden, für die der Professor Reinhard Hermann Alker eine komplette Kuranlage konzipierte. Statt Kurhaus AG plante er eine „Bad Heidelberg AG", doch vereitelten Inflation und knappe Kassen das vielschichtige Vorhaben. Einzig das Gebäude des Radium-Solbades gelangte als einfaches Badehaus zur Ausführung. Es war ursprünglich als Kur- und Badehaus vorgesehen und wurde nun von Franz-Sales Kuhn entsprechend umgeplant. Besonders betonte Kuhn dabei die dreiachsige Eingangsloggia mit den beiden quadratischen

Pfeilern. Im Innern prägten großzügige Treppen und stuckverzierte Wandelhallen den Bau. Bis nach dem Zweiten Weltkrieg konnten im Gebäude samt angrenzendem Schwimmbecken Bade- und Trinkkuren verabreicht werden. 1957 brach das Förderrohr der über eintausend Meter tiefen Bohrung. In der Folge versiegte die Quelle. Das Gebäude wurde daher zuletzt als Ämtersitz der Stadtverwaltung (Amt für öffentliche Ordnung) genutzt, bis der Gemeinderat in den 1990er Jahren beschloss den Standort für Wohnungen und Gewerbebetriebe zu nutzen. Dabei wurde das Badegebäude saniert und dient heute als Firmensitz eines Immobilienprojektentwicklers.

Ernst-Walz-Brücke

Ernst-Walz-Brücke

Nach Plänen des Stuttgarter Architekten Paul Bonatz (1877–1956) und unter der Führung der Firma Wayß & Freytag AG Frankfurt/M. konnte die Ernst-Walz-Brücke 1100 Meter von der Friedrichsbrücke (heute: Theodor-Heuss-Brücke) flussabwärts nach einjähriger Bauzeit am 14. April 1928 dem Verkehr übergeben werden. Es war die damals erste Brücke, die die Stadt aus eigener Kraft mit nur geringer Unterstützung des Reichsverkehrsministeriums errichten ließ. Die Eisenbetonkonstruktion, die zunächst eine Verkleidung aus Sandstein oder Muschelkalk erhalten sollte, blieb ohne jede Verkleidung. Ihren Namen erhielt das Bauwerk nach Oberbürgermeister Ernst Walz (1859–1941). In der NS-Zeit erhielt sie den Namen des Reichspräsidenten Paul von Hindenburg (1847–1934). Als dritte Brücke im Stadtgebiet verbindet sie Bergheim und Neuenheim. Die mit den anderen Brücken am 27./29. März 1945 gesprengte Brücke wurde 1953 erneut dem Verkehr übergeben.

III. Handschuhsheim

Kirche St. Vitus und St. Georg

Bereits 774 wurde im Bereich der heutigen Kirche St. Vitus und St. Georg, einem der ältesten Sakralbauten der Region, ein dem heiligen Nazarius geweihtes Gotteshaus erstmals urkundlich erwähnt. Diese erste Kirche an diesem Ort war bereits ein Steinbau, worauf 1961 ergrabene Reste eines vorromanischen quadratischen Chorabschlusses hindeuten. Vermutlich gehörte sie zu dem südwestlich der Kirche gelegenen Lorscher Hof, als zentralem Verwaltungssitz des Gebietes. Der Zwischen 1053 und 1057 unter Abt Arnold von Lorsch entstandene Neubau wurde um 1200 zu einer dreischiffigen Basilika erweitert, deren Mauern 1483 Bestandteil des gotischen Umbaues wurden. Um 1200 scheint die Kirche auch das neue Patrozinium der heiligen Vitus und Georg erhalten zu haben. Besonders Sankt Veit, der um 304 in Lukanien unter Diokletian als Märtyrer starb und zu einem der 14 Nothelfer wurde ist als Schutz-

Katholische St. Vitus-Kirche Handschuhsheim, um 1900

Zu den bemerkenswerten Ausstattungsstücken der St. Vituskirche gehört das Doppelepitaph für Hans v. Ingelheim († 1517) und seine Frau Margareth († 1509), geborene v. Handschuhsheim aus dem Jahr 1519 – hier in einer Ansicht aus der Zeit um 1900. Das Doppelepitaph ist ein „bedeutendes Werk der deutschen Frührenaissance von besonderem stilgeschichtlichem Interesse“ (Dehio). Lebensfrohe porträtähnliche Gesichtszüge kennzeichnen das Denkmal der Übergangszeit zwischen Gotik und Renaissance. Im architektonischen Rahmen sucht man gotische Elemente bereits vergeblich, dagegen sind die beiden äußeren Pilasterkapitelle durch die Frühromanik angeregt. Die Signatur des Bildhauers „M LSP V H“ konnte bislang nicht endgültig entschlüsselt werden.

Innenraum der Kirche St. Vitus und St. Georg, um 1900. Das Mittelschiff besteht aus einem fast quadratischen Grundriss von 14,5 mal 15 Metern und einer Höhe von acht Metern, an das sich der langgestreckte, drei Stufen höheren Chorraum anschließt. Im Hintergrund rechts fällt der Blick auf das prächtige Jakob Müller zugeschriebene Renaissance-Epitaph des Heinrich v. Handschuhsheim und dessen Frau Amalie Beußer v. Ingelheim aus der Zeit um 1600. Der kleinere Epitaph links daneben entstand für den 1743 verstorbenen Pfarrer J. A. Schnurbusch.

patron der Winzer nicht unwichtig gewesen. Beim Umbau 1483 entstand der Chorraum mit der noch vorhandenen Arkade des südlichen Seitenschiffs. Maßwerk und Rippengewölbe des Chores wurden um 1629 erneuert. Bis zum Jahr 1907 diente St. Vitus als Simultankirche, seitdem nurmehr als

Blick auf die Tiefburg, um 1900

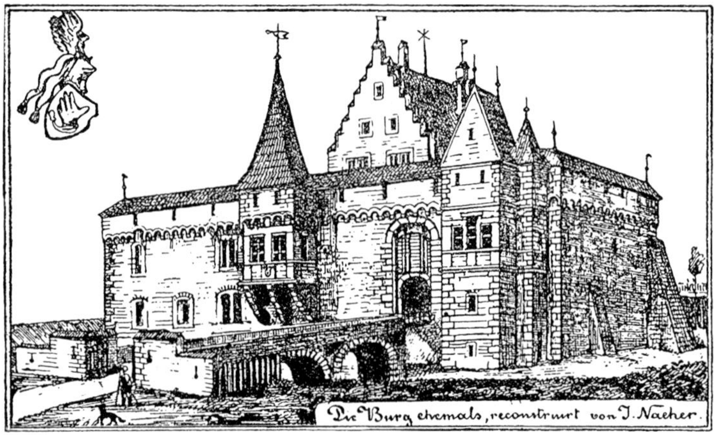

Rekonstruktionszeichnung der Tiefburg von J. Naeher, um 1900. – Zwischen 1911 und 1913 ließ Raban Graf von Helmstatt die Anlage renovieren und das zentrale Wohngebäude wiederherrichten. Heute befindet sich hier neben Veranstaltungsräumen das Archiv des Stadtteilvereins Handschuhsheim. Ähnlich wie bei Helga Glaesener die Altstadt steht die Tiefburg in Walter Laufenbergs historischem Roman „Ritter, Tod und Teufel“ von 1992 im Blickpunkt des Geschehens.

Das gegenüber der Tiefburg gelegene Schlösschen geht in seinem Ursprung auf ein Landgut des frühen 17. Jahrhunderts zurück. Einzig der Treppenturm blieb davon erhalten, während das Gebäude 1689 niedergebrannt worden war. 1783 gehörte das vom Geheimen Rat Josef Benedikt von Jungwirth neu errichtete Schlösschen dem Vater des hier geborenen Landschaftsmalers Karl Rottmann (1797–1850). Gegen Mitte des 19. Jahrhunderts gelangte das Gebäude in den Besitz der englischen Familie Graham, die es als Sommersitz nutzte.

katholisches Gotteshaus der 1903 nach Heidelberg eingemeindeten politischen Gemeinde Handschuhsheim. 1933/1934 erhielt die St. Vituskirche durch den Heidelberger Architekten Franz-Sales Kuhn einen Erweiterungsbau nach Norden als flachgedeckten Saal mit seitenschiffähnlichen Anbauten. Dies führte zu einer räumlichen Umorientierung im Innern, die den alten Chorraum zur Nebenkapelle werden ließ. 1980 wurde die Kirche renoviert.

Tiefburg

Die auch Burg Handschuhsheim genannte Tiefburg befindet sich nordwestlich des ehemaligen Dorfkerns. Die quadratische, von einem breiten Graben sowie einer nahezu vollständig erhaltenen Umfassungsmauer umgebene Burganlage ist aus einer frühmittelalterlichen Wehranlage hervorgegangen. Nach Überlieferungen aus dem 13. und 14. Jahrhundert handelte es sich um eine Wasser-

Blick auf den Atzelhof Ende der 1920er Jahre

burg, die aus dem Mühlbach gespeist wurde. Wann die Ritter von Handschuhsheim hier ansässig wurden ist heute unbekannt. Nach einer Urkunde von 1130 wird mit Rumhardus de Hantschuhsheim erstmals ein Adeliger des Geschlechts derer von Handschuhsheim genannt. Die Herren von Handschuhsheim waren Ministeriale der Abtei Lorsch bzw. Vasallen derer von Schauenburg. Sie erwarben umfangreiche Besitzungen und gewannen mehr und mehr an Einfluss am Kurpfälzischen Hof in Heidelberg. Zu den herausragenden Gestalten gehörte Diether von Handschuhsheim (1431–1487) als enger Vertrauter Kurfürst Friedrichs I., des Siegreichen. Das Epitaph von ihm und seiner Frau Margarete v. Frankenstein befindet sich ebenfalls in der St. Vituskirche. Mit Johann V., der am 31. Dezember 1600 mit nur fünfzehneinhalb Jahren an den Folgen eines Zweikampfes tödlich verletzt wurde, starb die männliche Linie derer von Handschuhsheim aus. Er wie seine Mutter Amalie geborene Beußer von Ingelheim erhielten ihre letzte Ruhe in der St. Vituskirche. 1624 kam die Tiefburg in den Besitz der Freiherren von Helmstatt, die sie erst 1950 an die Stadt Heidelberg veräußerten. Im Dreißigjährigen Krieg trug die Tiefburg erhebliche Beschädigungen davon, während sie im Orléanschen Krieg fast gänzlich zerstört wurde.

Etwa zeitgleich zum Atzelhof schuf Paul Rottmann 1926/27 mit der Siedlung Blaue Heimat an der Mühlingstraße innerhalb kurzer Zeit 100 Wohnungen für die Gemeinnützige Gesellschaft für Grund- und Hausbau mbH. Die rationale Bauweise machte es möglich. In Form einer Skelettbauweise, die erstmals an der Gneisenau- und Vangerowstraße erprobt worden war, wurden die Wohnhäuser mittels Eisenbetonstützen und Bimsbetonhohlsteinen nach dem so genannten „Wagnerischen Prinzip" errichtet. Die Ansicht von Ende der 1920er Jahre gibt den Blick in die Wohnstraße frei.

Blick auf eines der fünf Doppelhäuser gegen Ende der 1920er Jahre. Die Doppelhäuser befinden sich innerhalb der Blockrandbebauung zu beiden Seiten einer ruhigen Wohnstraße. Ins Zentrum des Wohnhofes stellte Rottmann eine Brunnenanlage, um die sich Spiel-, Trocken- und Rasenplätze gruppieren. Ihren Namen verdankt die Siedlung der Farbgebung der Fassaden.

Atzelhof

Zu den Heidelberger Wohnprojekten in der Zeit nach dem Ersten Weltkrieg gehörte die Anlage des Atzelhofs in Handschuhsheim. Zwischen 1921 und 1928 schufen die Architekten Friedrich, Hettinger, Graf, Moosbrugger, Pflaumer, Seidemann und Wolf mit dem Atzelhof am Rand des alten Ortskerns an

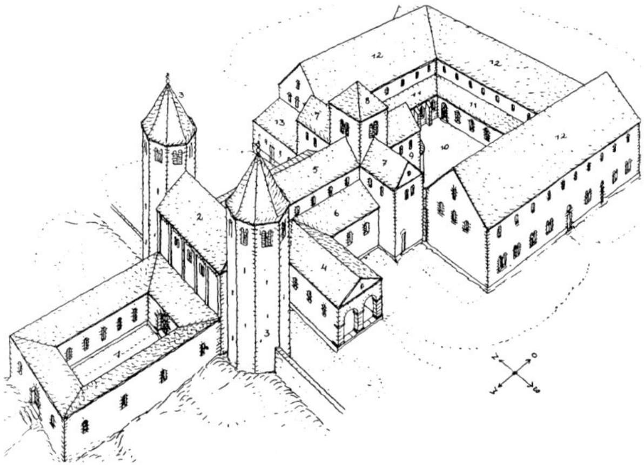

Rekonstruktion der St. Michaelsbasilika von Koch, 1920

der Rottmann- und Steubenstraße ein Ensemble vier- und fünfgeschossiger Mietshäuser, das an die großen Wohnhofanlagen in Wien erinnert. 176 unterschiedlich große Wohnungen entstanden in Blockbauweise und umschlossen entlang einer Wohnstraße eine Reihe von Einfamilienhäusern. Seinen Namen verdankt der Atzelhof, den zahlreichen Elstern (Atzeln) auf den hohen Bäumen im Süden der St. Vituskirche und nicht zuletzt auch der gleichnamigen Baugesellschaft, Vorläuferin der Gemeinnützigen Gesellschaft für Grund- und Hausbesitz mbH. So fortschrittlich das Konzept mit der zentralen Heizungs- und Warmwasserversorgung, mit Kinderspielplatz im gemeinsamen Wohnhof, Wäschetrockenplatz sowie Zentral-

Von der Michaelsbasilika sind die Grundmauern vollständig erhalten. – Erste Freilegungen der St. Michaelsbasilika waren 1886 erfolgt, weitere Bauaufnahmen erfolgten 1912. Erst bei der letzten Restaurierung von St. Michael zwischen 1978 und 1984 wurde der Grundriss des Merkurtempels im Boden der Anlage nachgebildet.

wäscherei auch anmutete, so konservativ waren die Zwei- bis Vierzimmerwohnungen nach außen gestaltet. Neobarocke und neoklassizistische Formen prägten und prägen das Erscheinungsbild entlang der Außenseiten.

Basilika und Kloster St. Michael

Das Michaelskloster auf dem 439,9 Meter hohen Heiligenberg wurde als Filialkloster des Klosters Lorsch im neunten Jahrhundert an der Stelle einer

Matthäus Merian d. Ä.: Der Heiligenberg – Aus der Topographia Palatinatus Rheni, 1645. – Merians Kupferstich gibt die Szenerie des aufgegebenen Klosters treffend wieder. Allerdings erscheint nun das Kloster bereits als überwucherte Ruine – mit dem „Heidenloch" im Vordergrund. Das Heidenloch – eine Grube – führt 55 Meter in die Tiefe, wurde in den natürlichen Fels getrieben und an der Sohle mit römischen Ziegeln ausgemauert. Man vermutet den Ursprung in der Keltenzeit.

alten römischen Kultstätte (Weihestein des „Mercurius Cimbrianus") gegründet. Die Kultstätte befand sich am höchsten Punkt des Berges innerhalb einer doppelten Ringwallanlage. Bereits im siebten Jahrhundert wurde die Kultstätte christlich genutzt, worauf Bestattungen aus merowingischer Zeit hinweisen. Ein erstes Kloster wurde 870 im Lorscher Codex erwähnt. Sein Gründer war Abt Thiotroch (863–875) vom Kloster Lorsch. Nurmehr spärliche Überreste deuten auf die karolingische Anlage einer Basilika mit dreischiffigem Langhaus samt Querhaus mit zwei Apsiden hin. In der ersten Hälfte des elften Jahrhunderts begann der Ausbau der zuvor mehrfach von Bränden betroffenen Anlage unter Abt Reginbald von Lorsch. Dabei integrierte man die gesamte östliche Hälfte mit der um 1000 entstandenen Krypta samt den Fundamenten des Vorgängerbaues in den Neubau. Dabei entstand eine zweite Kypta in ganzer Langhausbreite, wie sie sonst nur von Bischofskirchen bekannt ist, im neuen Westbau. Im weiteren Verlauf des elften Jahrhunderts „erhielt die Gesamtanlage ihre endgültige Ausdehnung und die streng axialsymmetrische Disposition, die noch heute in den Fundament- und Mauerresten erkennbar ist" (Dehio). 1070 wurde Abt Friedrich von Hirsau,

Blick auf die so genannte Feierstätte auf dem Heiligenberg in Richtung des Neckartals in der zweiten Hälfte der 1930er Jahre

dessen Grabplatte in der Krypta der Basilika erhalten blieb, im Kloster St. Michael beigesetzt. 1094 entstand von St. Michael aus auf der südlichen, niedereren Kuppe des Heiligenbergs das Stephanskloster. 1226 übernahm der Erzbischof von Mainz das Kloster, das kurze Zeit von Zisterziensern genutzt wurde, bis sich in St. Michael und St. Stephan Prämonstratenser aus dem Kloster Allerheiligen im Schwarzwald ansiedelten. 1555 wurden beide Besitzungen im Zuge der Reformation vom Kurfürsten eingezogen und der Universität übergeben, die die Gebäude 1589 zum Abbruch freigab.

„Feierstätte"/„Thingstätte"

Die Bauten des Nationalsozialismus in Heidelberg sind überschaubar geblieben und prägen doch an der einen oder anderen Stelle das Erscheinungsbild, wie bei der ehemaligen Großdeutschlandkaserne oder dem Karlstorbahnhof. Zu den frühen Zeugnissen gehörte neben dem Ehrenfriedhof auf dem Kleinen Gaisberg die „Feierstätte" auf dem Heiligenberg. Frühe Stadtführer wie der 1936 erschienene von Ludwig Neundörfer über „Heidelberg wie es war und wie es ist" säumen nicht die

56 Zuschauerreihen verteilen sich über einen Höhenunterschied von 25 Metern. Geschaffen wurde die rund 20 000 Menschen fassende Anlage „für die großen chorischen Spiele während der Reichsfestspiele und für Kundgebungen politischer Art" (Neundörfer). Nach 1945 wurde das Bauwerk in „Heiligenberg-Anlage" umbenannt.

steingewordenen „Errungenschaften" der neuen Zeit in einem speziellen Kapitel „Bauten des Dritten Reiches" zu erwähnen. Natürlich gehört dazu auch Hermann Reinhard Alkers 1934 bis 1935 erbaute „Feierstätte", die innerhalb kurzer Zeit von bis zu 1 200 Männern des Reichsarbeitsdienstes in den natürlichen Hang hinein erbaut wurde. Die Wahl des Ortes auf dem Heiligenberg geschah nicht zufällig, entstand die Anlage doch mitten in einem keltischen Ringwall. Eingeweiht wurde sie durch Reichspropagandaminister Joseph Goebbels, der das Bauwerk als „steingewordenen Nationalsozialismus" pries. Die „Feierstätte" bildete mit dem Ehrenfriedhof jedoch erst den Auftakt einer geplanten städtebaulichen Umgestaltung, denn Heidelberg sollte 1941 als eine von wenigen „Neugestaltungsstädten" des Reiches ein nationalsozialistisches Gepräge mit Pracht- und Aufmarschstraßen erhalten. Die oberste Planungsleitung wurde Albert Speer(1905–1981), Generalbauinspektor für die Reichshauptstadt Berlin, für seine Heimatstadt Heidelberg übertragen.

IV. Neuenheim

Chirurgische Klinik

Von dem 1932 von Ludwig Schmieder vorgelegtem Generalbebauungsplan für den Campus auf dem rechten Neckarufer wurde zwischen 1933 und 1936 nur der nach Schmieders Plänen konzipierte Bau der Chirurgischen Klinik realisiert. Der ursprünglich in Anlehnung an das benachbarte ehemalige Kaiser-Wilhelm-Institut mit Flachdächern und kubischen Baukörpern geplante Bau wurde nach der „Machtergreifung" durch die Nationalsozialisten zu einem Prestigebau, der außen und innen den neuen Zeitgeist widerspiegeln sollte. Walmdächer und traditionelle Fensterteilungen prägten das Erscheinungsbild der streng symmetrisch ausgerichteten Anlage, die nach ihrer Fertigstellung auf zahlreichen Postkarten von der Garten- und Flussseite (Foto) dargestellt wurde. Zur Eröffnung ist die aus Hörsaaltrakt, OP-Bau, Bettenhaus sowie Privatstation und Patientengarten bestehende Anlage mit 330 Betten und sieben Operationssälen ausgestattet.

Alte Kirche

Den Mittelpunkt des alten Dorfes Neuenheim, das seit 1891 zu Heidelberg gehört, bildete die an der Ladenburger Straße/Lutherstraße gelegene Kirche. Dem 1137 erstmals erwähnten, von Bischof Buggo von Worms geweihten Gotteshaus folgte im 16. Jahrhundert ein spätgotischer

Chirurgische Klinik

Der heutige Standort des Botanischen Gartens ist der siebente in seiner langen Geschichte. Als „Hortus medicus“ wurde der heute drittälteste Botanische Garten in Deutschland 1593 gegründet. Die Anlage in Neuenheim entstand 1914/ 1915 nach Plänen Ludwig Schmieders, wobei der Direktor des Botanischen Instituts Georg Klebs und Obergärtner Erich Behnick einen achsenbezogenen und in geometrischen Formen angelegten Garten forderten. Neben einer an barocken Orangerien orientierten Gewächshausanlage gliederte sich der Garten in das System sowie geographisch und morphologisch-biologische Pflanzengruppen, das Arboretum und das Alpinum. Das kreisrunde Arboretum erinnerte an den großen Zirkel des Schwetzinger Schlossgartens.

Dank der Initiative des Heidelberger Studienrates und Ornithologen Otto Fehringer (1887–1964) und der finanziellen Unterstützung von Geheimrat Carl Bosch (1874–1940) öffnete der Kurpfälzer Tiergarten (heute: Tiergarten Heidelberg) am 10. März 1934 erstmals für Besucher seine Pforten. Erst am 6. August 1933 war auf dem von der Stadt zur Verfügung gestellten und ehedem für den städtischen Zentralfriedhof in Neuenheim konzipierten Grundstück am Neckar mit dem Bau begonnen worden. Der offiziellen Eröffnung am 20. November 1934 folgten 1935 die Vollendung der Bärengrube und 1936 die Einweihung der Großflugvoliere. Zu den Besonderheiten des ursprünglich auf Ornithologie und Haustierrassen spezialisierten Zoos gehörte die 40 Meter lange, 20 Meter breite und 10 Meter hohe große Voliere für Greifvögel (Foto). 800 Tiere – 170 Arten – und 120 Gehege und Freianlagen umfasste der Tierpark bis 1938.

Die alte evangelische Kirche Neuenheim vor dem Abriss des Langhauses und der Umgestaltung des Kirchhofes, aufgenommen im Jahre 1900

Neubau, von dem nur Turm und Chor den Pfälzischen Erbfolgekrieg überstanden hatten, während man das Schiff im 18. Jahrhundert neu angefügte. Das von Oechelhäuser als „dürftig“ beschriebene Langhaus wurde 1906 wieder abgebrochen, als der Baugrund mit dem umgebenden alten Kirchhof zum Marktplatz des

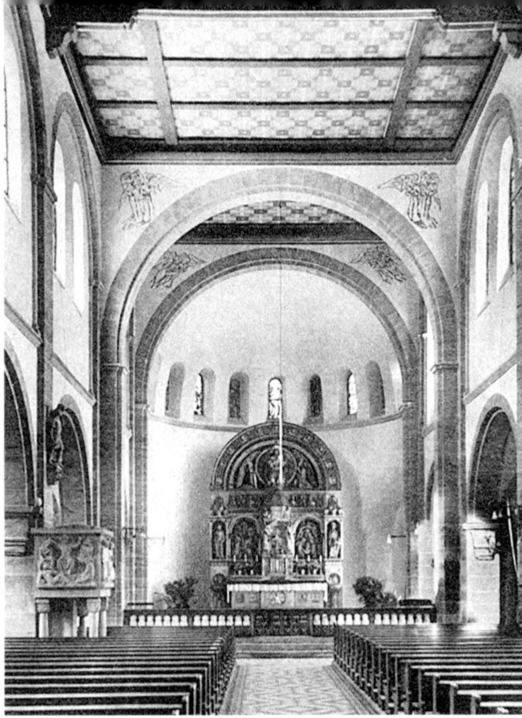

Nach dem Vorbild der Domfassade von Pisa schuf der erzbischöfliche Bauinspektor Ludwig Maier (1848–1915) die Eingangsfassade der zwischen 1903 und 1905 entstandenen katholische St. Raphaelskirche in Neuenheim. Seinen Namen verdankt das im Stil der italienischen Romanik errichtete Gotteshaus Raphael Slidell Freiherr v. Erlanger (1865–1897) und seiner Familie, der einen nicht unerheblichen Beitrag zum Bau leistete. Die Ansicht zeigt das Innere der dreischiffigen Pfeilerbasilika mit dem gleichfalls von v. Erlanger gestifteten kostbaren am Pisaner Vorbild orientierten (1968 zerstörten) romanischen Hauptaltar von Holzbildhauer Alfons Marmon.

Der Bau des einstigen Großherzoglichen Lehrerseminars an der Keplerstraße in Neuenheim kann die Verwandtschaft zum Bau der Freiburger Lehrerbildungsanstalt nicht leugnen. Architekt Otto Warth (1845–1918) hat ihn zwischen 1906 und 1909 mitten im seinerzeit noch weitgehend unbebauten Neuenheimer Feld errichtet. Der im Stil der Frührenaissance gestaltete Bau nahm neben den Lehrsälen auch die Internatsräume der Seminaristen auf. Ursprünglich nur für männliche Studierende konzipiert befand sich ein vergleichbares Vorseminar für angehende Lehrerinnen damals in der Plöck. Heute nutzt die Pädagogische Hochschule, nach Freiburg die größte in Baden-Württemberg, das Gebäude.

neuen Stadtteils umgestaltet wurde. Der Turm mit den charakteristischen zwei- bzw. dreigeteilten gotischen Nasenfenstern blieb damals erhalten. Zwei Glocken von 1729 und 1772 hat Pfaff in seiner Darstellung detailreich beschrieben. Sie waren bei Blasius Sattler in Mannheim bzw. Anselm Frantz Speck in Heidelberg für die reformierte Gemeinde Neuenheim gegossen worden.

Villa Krehl

Der Name Krehl verbindet sich in Heidelberg in erster Linie mit der Alten und Neuen Krehl-Klinik. Der Ursprungsbau an der Bergheimer Straße war bis 1931 von Ludolf von Krehl (1861–1937) geleitet worden. Nicht in Bergheim, sondern in Neuenheim ließ sich der Mediziner und Sohn des gleichnamigen Leipziger Orientalistik-Professors nieder. 1911 hatte Friedrich

Villa Krehl mit Gartenanlage in den 1920er Jahren

Ostendorf das schlossartige Gebäude an der Bergstraße errichtet – damals die größte Privatvilla der Stadt. Das Haus war als Gesamtkunstwerk konzipiert und umfasste neben dem Wohngebäude, Tee- und Gewächshaus, sowie eine gegen den Hang gebaute Gartenanlage mit Grotte, Brunnanlage und Gartenhaus. Der Haus- und Bauherr wirkte seit 1907 in Heidelberg und war unter anderem an der Gründung des Kaiser-Wilhelm-Instituts für Medizinische Forschung beteiligt. 1922 erhielt er die Heidelberger Ehrenbürgerwürde. Da hatte er sein herrschaftliches Domizil bereits zu Gunsten des kleineren Gartenhauses auf dem Grundstück eingetauscht. Das zentrale Hauptgebäude mit seinem beherrschenden Walmdach und die

Das heute an der Ziegelhäuser Landstraße aufgestellte Standbild des heiligen Nepomuk befand sich vor dem Bau der (Alten) Brücke auf dem zur Neuenheimer Seite hin gelegenen achten Pfeiler des Vorgängerbaues. 1738 – neun Jahre nach der Heiligsprechung Nepomuks – fand es seine Platz auf der Brücke. Als Schöpfer der Sandsteinskulptur, die beim Hochwasser 1784 in den Fluss stürzte und geborgen wurde, gilt der Bildhauer Peter van den Branden († 1788). Da die Skulptur nicht zum antikisierenden Bil programm der 1786 bis 1788 errichteten neuen Brücke passte, erhielt sie ihren jetzigen Standort am Neuenheim Ufer. Dargestellt ist der Heilige auf einem Himmelsglob der auf einer Wolkensäule ruht und von zwei Engeln gestützt wird. Diese Darstellung der Apotheose (Erhebung des Heiligen ist bei Außendarstellungen eine Seltenheit.

Blick auf das Scheffelhaus in den 1930er Jahren

beiden Seitenflügel nutzte seit 1919 die evangelische Landeskirche als Schülerheim Friedrichsstift. Ludolf von Krehl starb am 26. Mai 1937 in Heidelberg. Seine Villa ist heute Sitz der Schiller International University.

Haus „Waldhorn ob der Bruck"/ Scheffelhaus

Eng mit dem Schriftsteller und Dichter Joseph Victor von Scheffel (1826–1886) verbunden ist das gleichnamige, 1965 abgerissene „Scheffelhaus" Ziegelhäuser Landstraße 21. Das Gasthaus dessen eigentlicher Name „Waldhorn ob der Bruck" lautete, hatte jedoch nicht nur Scheffel zur Inspiration gedient, sondern später auch dem Schriftsteller Wilhelm Meyer-Förster (1862–1934) für dessen weltbekanntes Stück „Alt-Heidelberg". Das gehörte zu den meistgespielten Theaterstücken in der ersten Hälfte des 20. Jahrhunderts und bot wiederum die Vorlage für das Musical „The Student Prince". Grundlage für Beide war Scheffels Gedicht „Alt Heidelberg, du feine" mit dem „Waldhorn ob

Villa Bergius, Entwurfszeichnung

der Bruck“ als örtlichem Hintergrund. Der Pfälzer Jurist und populäre Mundartdichter Karl Gottfried Nadler ist hier aufgewachsen. Sein 1848 erschienenes Spottgedicht „Das Guckkastenlied vom großen Hecker“ widmete Nadler seinem einstigen Berufskollegen nach dessen Niederlage im April 1848. Es wurde Nadlers bekanntestes Werk. Bereits seit Anfang der 1840er Jahre hatte sich im „Waldhorn“ eine Schar von Professoren, Bürgern, Kaufleuten und Beamten zu einem regelmäßigen Abendschoppen zusammengefunden, von denen einige länger blieben, woraus sich im Winter 1842 ein spezieller Kreis – genannt der „Engere Ausschuss“ – herausbildete, der sich in der Folge einmal pro Woche traf und in der Literatur meist nur kurz der „Engere“ genannt wird. Der im „Waldhorn“ gegründete Kreis löste sich 1867 auf, als seine Integrationsfigur der badische Historiker und liberale Politiker Ludwig Häusser (1818–1867) verstorben war.

Villa Bergius

Auf dem Baugrund zweier 1923 erworbener Jugendstilvillen an der Albert-Überle-Straße ließ der deutsche Chemiker Friedrich Bergius (1884–1949) als Bauherr 1927 bis 1929 von Edmund Körner (1874–1940) ein Gebäude errichten, das mit Abstand als spektakulärster Villenbau seiner Zeit in Heidelberg gilt. Körner, zeitweiliges Mitglied der Darmstädter Künstlerkolonie, schuf einen Bau im Stil der Neuen Sachlichkeit, der sich aus verschieden großen und sich gegenseitig durchdringenden Quaderformen zusammensetzt. Tatsächlich kamen für die Villa vorproduzierte glatte Betonfertigteile zum Einsatz, die den Altbestand miteinbezogen, ergänzten und modern überformten. Am Ende bot die Villa 36 Zimmer samt Aufzug, ein Hallenschwimmbad, das bei Schönwetter in ein Freibad verwandelt werden konnte sowie einen Gesellschaftssaal im vierten Obergeschoss mit angrenzender Aussichtsterrasse.

Ähnlich anderen Sandorten im Deutschen Reich regte auch in Heidelberg die patriotisch gesinnte Studentenschaft den Bau einer Bismarcksäule an. Zur Ausführung gelangte der preisgekrönte Entwurf „Götterdämmerung“ des Architekten Wilhelm Kreis (1873–1955) samt bildhauerischem Schmuck (Reichsadler) von August Sommer (1839–1921). Die 16 Meter hohe Säule aus rotem Neckarsandstein konnte am 19. Januar 1903 am Südhang des Heiligenbergs oberhalb des Philosophenwegs eingeweiht werden. Die Baukosten von 20 000 Reichsmark trug die Studentenschaft nebst freiwilligen Spendern. Die Besonderheit der Bismarcksäulen allgemein bildete die Feuerschale. Die bis in die Gegenwart erhaltene Heidelberger Feuerschale hat einen Durchmesser von 2,5 Metern. Für ihre Befeuerung sorgte ein spezielles Gemisch aus Talg, Garn, Werg, Pechkränzen und Pechfackeln sowie Erdöl. Die Flammenhöhe betrug vier bis fünf Meter bei einer maximalen Brenndauer von etwa eineinhalb Stunden. Die 1985 sanierte Bismarcksäule dient als Aussichtsturm.

Den Garten ließ Bergius von Hermann Mattern, Vertreter des Bornimer Kreises in Form von ineinandergreifenden Terrassenelementen gestalten. 1940 verkaufte Bergius seit 1931 Nobelpreisträger seine Villa und zog nach Berlin. Bekannt geworden ist der Chemiker unter anderem durch das 1913 von ihm erfundene Bergius-Verfahren der Kohleverflüssigung als Grundlage zur Herstellung von Schwerölen, Mittelölen, Benzinen und Gasen.

Philosophenweg

Durch seine wunderbare Aussicht berühmt geworden ist der Philosophenweg auf der nördlichen Neckarseite, wo er sich „zwischen Rebgelände, Wald und Matten (…) in Eindrittelhöhe des Berges an dessen Südabhange“ (Pfaff) hinzieht. Reiseführer empfahlen den Touristen ehedem zunächst den Besuch des Philosophenweges, um den einmaligen Ausblick auf Stadt und Schloss zu genießen. Entstanden ist der Philosophenweg in der Zeit der Spätromantik aus dem Linsenbühlerweg, einem einfachen Weinbergpfad des 17. und 18. Jahrhunderts. Die Namensgebung Phi-

Blick vom Philosophenweg auf Altstadt und Schloss in den 1930er Jahren

Zu den beliebten Ausflugszielen auf der nördlichen Neckarseite gehörte die am berühmten Philosophenweg gelegene Restaurant Zur Philosophenhöhe, hier in einer Ansicht um 1900.

Georg Eduard Otto Saal (1817–1870): Besuch des Historikers Georg Gervinus beim Ehepaar Fallenstein, Ziegelhäuser Landstraße 17, 1851.

losophenweg war dabei auf den Umstand zurückzuführen, dass sich hier in unmittelbarer Nähe zur Altstadt ein Ort befand, der den Universitätsprofessoren und Philosophen der nahen Universität die Möglichkeit offenbarte, intensive Gespräche zu führen, zu philosophieren oder nachzudenken und dies bei einem einmaligen Ausblick auf die Stadt. Bereits Joseph von Eichendorff (1788–1857) und Friedrich Hölderlin (1770–1843) ließen sich auf ihren Spaziergängen zu ihren Werken inspirieren, Hölderlin etwa zu seiner Ode „Lang lieb ich dich schon...". Beiden sind heute Denkmale gesetzt, sei es mit dem Eichendorff-Stein oder der Hölderlin-Anlage am Ostende des Philosophen-

Das Gebäude Hirschgasse Mitte der 1920er Jahre

weges. Zu den wichtigen topografischen Punkten gehört die so genannte Merian-Kanzel, von wo aus Matthäus Merian d. Ä. 1620 seine bekannte Heidelberg-Ansicht schuf.

Haus Fallenstein

Ein stimmungsvolles Ölgemälde gibt den Blick frei von der Terrasse des an der Ziegelhäuser Landstraße gelegenen Hauses Fallenstein auf Schloss und Altstadt. Es ist Ausdruck einer engen Freundschaft zwischen dem Geheimen Finanzrat Georg Friedrich Fallenstein (1790–1853), seiner Frau Emilie Fallenstein-Souchay und dem Historiker und Mitglied der „Göttinger Sieben" Georg Gottfried Gervinus (1805–1871). Die Freundschaft war so eng, dass die Fallensteins und Gervinus nach Fertigstellung der Villa zusammen wohnten. Kurz vor der 1848er Revolution war die ursprünglich von einer rund 3 000 Quadratmeter großen Parkanlage umgebene Villa fertig gestellt worden. Ihr Schöpfer wird im Umreis von Heinrich Hübsch und Ludwig Lendorff vermutet. Während die Fallensteins das Erd- und erste Obergeschoss bezogen, bewohnte Gervinus die zweite Etage. Fallenstein war Lützower Jäger und patriotischer Dichter. Als Mitglied einer Intellektuellengruppe hatte er den deutschen Nationalismus gegen Napoleon mit Entschiedenheit entfacht, was neben dem fehlenden akademischen Abschluss seine Verwaltungskarriere im Rheinland gehemmt hatte. Das Fallensteinsche Haus trägt heute den Namen des Enkels – des berühmten Nationalömonomen, Juristen und Soziologen Max Weber (1864–1920), der 1910 mit seiner Frau und dem Religionshistoriker Ernst Troeltsch (1865–1923) die Villa bezog. In den 1920er Jahren dient das mit Abstand traditionsreichste Heidelberger Professorenhaus als Ort der ,,Sonntagnachmittaggespräche". Zu Max Webers Bruder – dem Kultursoziologen Alfred Weber (1868–1958) und seiner Frau, der Soziologin und Frauenrechtlerin Marianne (1870–1954) gesellten sich Gesprächspartner wie Karl

Jaspers (1883–1969), Gustav Radbruch (1878–1949) oder Ernst Bloch (1885–1977). Heute ist das Max-Weber-Haus Teil des Internationalen Studienzentrums der Universität.

Hirschgasse

Einer Liebesgeschichte verdankt die Hirschgasse am rechten Neckarufer ihre Entstehung. Das so bezeichnete Gasthaus wurde 1472 erstmals im Zusammenhang mit der Heirat der Hirschgassenwirtin und dem Adeligen Konrad von Soest erwähnt. 1583 legte der Wirt des Hirschen Heinrich Eckart – zugleich Bürgermeister auf seinem Grundstück einen Garten samt Lusthaus und Hirschweiher an. Unter Gastwirt Georg Ditteney, der das Anwesen 1790 erwarb, erfolgte der Bau eines Festsaales. Ditteney litt unter Hölzerlips Räuberbande, die mit Wilddiebereien und anderen Delikten ihr Unwesen trieb und deren Vergehen Ditteney zur Anzeige brachte. Ruhe fand er erst mit der öffentlichen Hinrichtung der Räuber am 31. Juli 1812. Fünf Jahre später wurde in der Hirschgasse die Heidelberger Burschenschaft gegründet, die ein neues Kapitel in der Geschichte dieses Hauses aufschlug. Zu den prominenten Besuchern gehörte Mark Twain, der die stattfindenden Mensuren in seinem „Bummel durch Europa" beschrieb. Der historische Raum brannte 1954 aus und wurde später in vereinfachter Form neu errichtet und bis 1979 für Mensuren genutzt. Als

Mensur des Heidelberger SC auf der Hirschgasse, um 1925. Der SC – Senioren-Convent – hatte seit seiner Bildung 1803 bzw. 1806 die Aufgabe ein SC-Comment als schriftlich fixiertes Regelwerk aufzustellen (das so genannte Comment), das das Leben der Studenten an der Universität und in der Öffentlichkeit regeln sollte. Als frühe Form studentischer Gremien versuchten sie den Alleinvertretungsanspruch der Studenten an der Universität auszuüben, beschränkten sich aber später auf die Regelung interner corpsstudentischer Angelegenheiten.

heute ältestes Mensurhaus erinnert ein kleines Museum in der Mensurstube der Hirschgasse an die Vergangenheit des Ortes. Das Gasthaus selbst ist heute ein beliebtes Hotel.

V. Pfaffengrund

Siedlung Pfaffengrund

Einen entscheidenden Beitrag zur Behebung der Wohnungsnot nach dem Ersten Weltkrieg leistete die Gemeinnützige Baugenossenschaft Neu-Heidelberg mit der von Oberregierungsbaurat Ludwig Schmieder konzipierten Siedlung Pfaffengrund im Westen der Stadt. Orientiert am Konzept der Gartenstädte schuf Schmieder 388 Wohnungen, die überwiegend in Form von Einfamilienreihenhäusern entstanden. Getreu dem Genossenschaftsprinzip wurden sie nur

Wohnsiedlung Pfaffengrund in den 1920er Jahren

Zu den wichtigen Gebäuden gehörten auch Schulen und Lehrerwohnhäuser. Im Pfaffengrund gehen sie auf den Architekten Fritz Haller zurück. Die Szenerie vom Ende der 1920er Jahre gibt den Blick auf die 1926 erbaute Schule (heute: Stauffenbergschule) samt den beiden flankierenden Lehrerwohnhäusern frei. Ihr gegenüber liegt an einer Ost-West-Achse das evangelische Gemeindehaus.

mietweise abgegeben. Die meisten Häuser erhielten auf ihren Grundstücken Gärten mit den damals üblichen Kleintierställen. Die Häuser plante Schmieder äußerst sparsam und in einfacher Form mit jeweils etwa 55 bis 65 Quadratmeter Wohnfläche. Ein besonderes Charakteristikum bildeten die platzraumartigen Straßenraumerweiterungen, wie der 1921 entstandene Marktplatz. Schmieder plante die komplette Infrastruktur gleich mit, angefangenen vom Stadtteilrathaus, evangelisches Gemeindehaus und Geschäftshäusern zur Versorgung der Bevölkerung. 1928 lebten im Pfaffengrund 1 850 Menschen. Seitdem wurde die Siedlung mehrfach erweitert.

VI. Rohrbach

Rohrbacher Schlösschen

Erbprinz Carl August von Pfalz-Zweibrücken, der Vater des Kurfürsten und nachmaligen ersten bayerischen Königs Max I. Joseph ließ sich 1770 in Rohrbach für seine Jagdaufenthalte ein Schlösschen errichten, vor dessen westlicher Front ein 1774 vermutlich nach Plänen Friedrich Ludwig von Sckells (1750–1823) geschaffener, acht Hektar großer, der Rheinebene zugewandter früher englischer Landschaftsgarten entstand. Der bayerische Kurfürst Max IV. Joseph überließ es 1803 seiner Schwiegermutter Markgräfin Amalie Friederike von Baden. Sie ließ den zweigeschossigen spätbarocken Bau von ihrem Hofarchitekten Friedrich Weinbrenner (1766–1826) umgestalten. Dabei entstanden der klassizistische Säulenportikus mit seinen vier dorischen Säulen und der Giebel mit dem abgerundeten Fenster über dem Mittelrisalit. Dieser erfuhr durch den darunter liegenden reich geschmückten Fries eine besondere Akzentuierung. Im Schlösschen trafen sich während der Befreiungskriege gegen Napoleon Zar Alexander I. von Russland und Kaiser Franz I. von Österreich.

Blick auf das Rohrbacher Schlösschen, um 1900

Umfangreiche Veränderungen brachte der 1898 der Verkauf des Schlösschens an den „Verein für Genesungsfürsorge“, der hier ein Erholungsheim einrichtete, bzw. 1920 die Nutzung als Tuberkulosekrankenhaus. Heute wird das zuletzt 2005 restaurierte Schlösschen als Tagungsstätte und für festliche Veranstaltungen genutzt. Es befindet sich auf dem Gelände der Thorax-Klinik.

VII. Schlierbach

Wolfsbrunnen

Mitten im Wald oberhalb von Schlierbach ließ Kurfürst Friedrich II. (1482/1544–1556) um 1550 die zahlreichen Quellen des sagenumwobenen Wolfsbrunnens in steinernen Becken fassen und als Brunnen und Wasserspiele gestalten. Hinzu trat ein neu erbautes Lusthaus. Unter Kurfürst Friedrich V. wurde die Anlage um die bekannten steinernen Becken der Forellenteiche erweitert. Der rund zwei Kilometer östlich des Schlosses gelegene Wolfs-

Matthäus Merian d. Ä.: Der Wolfsbrunnen, um 1620

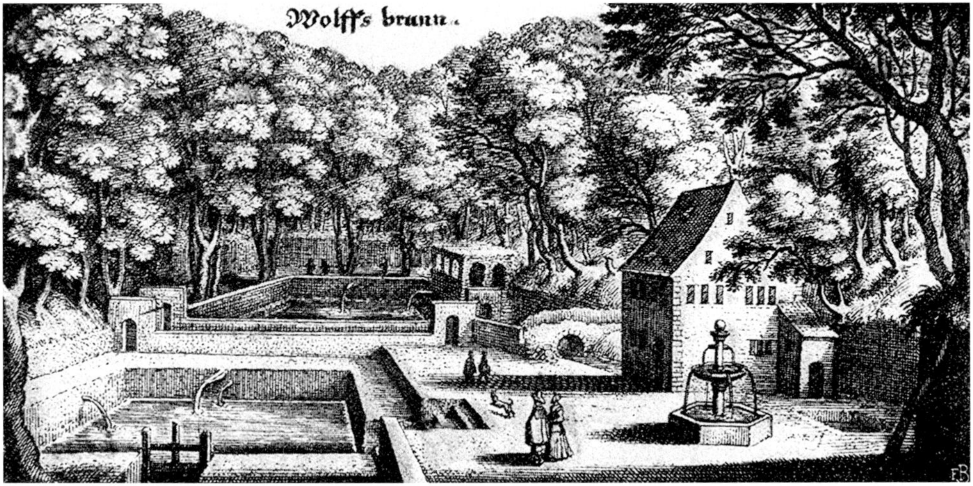

Das Gasthaus in einer Ansicht um 1900. Bereits ein Jahrhundert zuvor hatten sich die Romantiker des Ortes erinnert „und machten ihn zum begehrten Objekt diverser schwärmerischer, literarischer Werke. Auch der Aufbruch der Moderne machte in den 1920er Jahren in der Wolfsbrunnen-Anlage halt, um dort die viel besungene und beschriebene Freiheit genussvoll und geistreich zu leben." Heute bemüht sich der Freundeskreis Wolfsbrunnen e.V. um die kulturelle Nutzung des Ortes, aber auch darum die in lange Zeit in eine Art Dornröschenschlaf gefallene Anlage zu pflegen, zu erhalten und zu entwickeln.

brunnen war lange Zeit ein beliebter Ausflugsort des kurfürstlichen Hofes vom Schloss aus und mit diesem durch den heutigen Schloss-Wolfsbrunnenweg – einen alten Höhenweg – verbunden. Mit seinem Gedicht „Vom Wolfsbrunnen bei Heidelberg" hat Martin Opitz (1597–1639) den malerischen Ort wohl erstmals literarisch umschrieben, während Merian die Szenerie um 1620 in seiner bekannten Ansicht festhielt. Alles andere als idyllisch soll es in uralter Zeit hier zugegangen sein, als einer alten Sage zufolge die heidnische Seherin Jetta an der Quelle von Wölfen zerrissen wurde. Der Name Wolfsbrunnen indes geht wohl auf den kurfürstlichen Wolfskreiser zurück, der Wölfe vertrieb oder fing. Erst 1870 gelangte das einstige fürstliche Domänengut für über 30 000 Gulden (rund 108 000 Mark) in den Besitz der Stadt Heidelberg. Infolge der Fassung der städtischen Wasserleitung wurden die von Merian dargestellten Forellenteiche aufgegeben. Der Beliebtheit des Ortes tat dies jedoch keinen Abbruch, zumal seit 1830 am Wolfsbrunnen ein beliebtes Gasthaus bestand, dass das kurfürstliche Lust- und Jagdhaus ersetzt hatte.

VIII. Südstadt

Großdeutschland-Kaserne

Die Großdeutschland-Kaserne Ende der 1930er Jahre

Die größte Kasernenanlage im Stadtgebiet ist die der 1937 errichtete einstige Großdeutschland-Kaserne, deren Bauten sich ehedem symmetrisch um einen zentralen Aufmarschplatz gruppierten. Das östlich gelegene Eingangsbauwerk erhielt dabei eine besonders monumentale Gestalt und Akzentuierung durch einen zentralen Uhrturm über der Tordurchfahrt. Errichtet wurde die Kasernenanlage unter Bauleiter Dietrich Lang für das erste Bataillon des im Mai 1936 aufgestellten Infanterie-Regiments 110, den Bataillonsstab und zwei Regimentsunterstützungskompanien. Ihren Namen „Großdeutschland-Kaserne" erhielt die zunächst noch namenlose Anlage 1938 nach der „Eingliederung" Österreichs ins Deutsche Reich. Das Zweite Bataillon des Regiments war in der Loretto-Kaserne (Hammonds Barracks) in Mannheim-Seckenheim stationiert und das Dritte Bataillon in der Grenadier-Kaserne (Patton Barracks). Nach dem Einmarsch der Amerikaner wurde die Kaserne im April 1945 in „Campbell Barracks" umbenannt. Heute ist hier das europäische Hauptquartier der US-Landstreitkräfte untergebracht.

IX. Weststadt

Ehrenfriedhof

Neben der Feierstätte gehört der Ehrenfriedhof auf dem Kleinen Gaisberg zu den frühen Projekten der NS-Zeit in Heidelberg. Bereits am 22. Mai 1933 fällten Stadtrat und Bürgerausschuss den Entschluss, den neuen Friedhof nicht im Bereich des Neckarbogens, sondern auf dem so genannten „Ameisenbuckel" zu errichten. Durchgeführt als Beschäftigungsprogramm für Arbeitslose mit Unterstützung des Reichsarbeitsdienstes erwuchs in zwei Jahren die nach Plänen von Fritz Haller geschaffene Anlage, die in Form eines Kirchengrundrisses gestaltet ist. In die einstige Waldfläche wurde eine Schneise geschlagen, die direkt auf die Anlage zuführt und mit ihrer Richtung über den Talhorizont den Namen „Straße der Unendlichkeit" erhielt. Bereits am 28. Oktober 1934, dem Sonntag vor Allerseelen, wurden die Toten von ihrem provisorischen Zentralfriedhof am Neckarbogen auf den Ehrenfriedhof umgebettet. Dies geschah jedoch nicht in aller Stille, sondern als inszenierter Akt, nachts, unter Fackelbeleuchtung, Glockengeläut, Reden des Reichsstatthalters und Oberbürgermeister und Großem Zapfenstreich.

Der Ehrenfriedhof in der zweiten Hälfte der 1930er Jahre

Im Zentrum befindet sich ein monolithischer Steinblock aus Neckarsandstein in Form eines Altars in der Flucht der „Straße der Unendlichkeit". Zu seinen Seiten tragen Quader am mittleren Weg die Namen der Toten, dahinter schließen jeweils die Gräberfelder mit schlichten Steinkreuzen an. 1952/1953 ergänzte Paul Bonatz die Anlage nach Süden um ein stärker landschaftsbezogenes Gräberfeld für die Gefallenen des Zweiten Weltkriegs.

520 Weltkriegstote des Ersten Weltkriegs wurden hier bestattet, die Anlage im Herbst 1935 nach zweieinhalb Jahren Bauzeit endgültig fertig gestellt.

X. Wieblingen

Alte Kirche

Von der alten Wieblinger Kirche blieb ähnlich wie in Neuenheim nur der gotische Chor samt Turm erhalten und dient heute – inmitten des Schlossparks gelegen – als evangelische Kapelle. Der Turm ist der älteste Bau, dessen Unterbau entstand im 12./13 Jahrhundert. Erst 1410 wurde ein spätgotischer Bau angefügt. Der Lorscher Chronik zufolge hatte bereits 951 eine erste Kirche bestanden, die von Abt Gerbod errichtet worden war und im 13. Jahrhundert als Pfarrkirche diente. Als Kirchenpatrone wurden im 15. Jahrhundert die heiligen Valentin und Bartholomäus genannt. Im Kirchenstreit des 18. Jahrhunderts war das bis dahin katholische Gotteshaus zwischen 1705 und 1707 den Reformierten zugefallen, die es zwischen 1745 erneut nutzten, nachdem die Katholiken eine neue Pfarrkirche erhalten hatten. Bis 1852 diente der gotische Bau dem gottesdienstlichen Gebrauch. 1903 schließlich sollte die Kirche abgerissen werden, was die Freiherren von La Roche-Starkenfels wenigstens teilweise zu verhindern wussten. Der Turm mit seinem flachen Zeltdach präsentiert sich heute in der „erneuerten“ Gestalt von 1809. Die freigelegten Malereien im Chorraum stammen aus dem frühen 16. Jahrhundert und zeigen Christus als Weltenrichter umgeben von den vier Evangelisten. Die Kappen sind mit Rankenwerk verziert. Erhalten blieb auch die östlich anschließende Sakristei, die ein Kreuzgewölbe überspannt.

Alte Pfarrkirche, um 1904

Der Wieblinger Seitenkanal samt seiner Wehranlage gehört zu einer von fünf so genannten Stauhaltungen entlang des Neckars. Die Kanalanlagen entstanden mit Ausnahme des Kraftwerkskanals Pleidelsheim(Bauzeit 1912 bis 1914) in den 1920er Jahren, das Wieblinger Wehr 1921 bis 1925. Die Kanäle leiten das vom Wehr gestaute Wasser zum Kraftwerk und dienen zudem als Fahrrinnen. Der Wieblinger Kanal hat eine Länge von 5,1 Kilometern. Der eiserne Wehrstieg der Wehranlage, hier in einer Aufnahme gegen Ende der 1920er Jahre, liegt rund 500 Meter westlich der Ernst-Walz-Brücke und verbindet Wieblingen mit Neuenheim.

Innenhof der Siedlung Wieblingen gegen Ende der 1920er Jahre. Im Jahr 1920 war Wieblingen nach Heidelberg eingemeindet worden und erhielt in der Folge eine neue Vortortsiedlung, deren Bebauung sich einem zuvor festgelegten Typengrundriss orientierte, der die Einrichtung einer Wohnküche mit Koch- und Spülraum vorsah und bereits bei den Mietshäusern entlang der Gneisenau- und Wieblinger Straße umgesetzt worden war. Blick auf die Blockbebauung zur einstigen Hauptstraße (heute: Lammstraße).

Lokomotiv- und Abstellbahnhof, Gebäude des Bahnbetriebswerks, Ende der 1920er Jahre. – Das heute aufgegebene Gebäude am Ochsenkopf soll Bestandteil der neuen Bahnstadt werden, die sich in ihrer Konzeption an den alten Bahnanlagen orientiert.

Lokomotiv- und Abstellbahnhof, Innenansicht der Lokomotivhalle Ende der 1920er Jahre. – Zu den Besonderheiten vor und in der Lokomotivhalle mit ihrer besonderen Holzkonstruktion gehörten die 23 Meter lange Schiebebühne und die Sammel-Rauchabführung.

Betriebsbahnhof

Im Südwesten Heidelbergs, wo sich in wenigen Jahren auf 116 Hektar Fläche der neue Stadtteil Bahnstadt entwickeln wird, entstand in den 1920er Jahren mit dem neuen Betriebsbahnhof ein damals hochmoderner Lokomotiv- und Abstellbahnhof, der lange vor dem neuen Hauptbahnhof realisiert und am 1. Dezember 1927 eingeweiht wurde. Bereits vor dem Ersten Welt-

Lokomotiv- und Abstellbahnhof, Blick vom Wasserturm nach Westen, Ende der 1920er Jahre

Lokomotiv- und Abstellbahnhof, Wasserturm, Ende der 1920er Jahre. – Dem Stil der Neuen Sachlichkeit verpflichtet bestimmte der neue quadratische Wasserturm das Erscheinungsbild des Betriebsbahnhofes. Zugleich erhielt er – weithin sichtbar – ein Uhrwerk.

krieg war der Güter- und Rangierbahnhof samt seinen Zufahrtslinien zum bereits konzipierten neuen Personenbahnhof samt dem Königstuhltunnel durch das Reichsverkehrsministerium fertig gestellt worden. Zu dem gewaltigen Bauvorhaben gehörten fünf Brücken, deren Lage so gewählt wurde, dass man auf Rampen verzichten konnte. Der Betriebsbahnhof samt zugehörigem Bahnbetriebswerk, Wasserturm und Bekohlungsanlage, Rangier- und Abstellgleisen diente der Behandlung, Unterbringung und laufenden Instandhaltung der in Heidelberg stationierten Lokomotiven sowie zur Reinigung und Versorgung von Personenwagen.

XI. Ziegelhausen

Villa Heimann

Villa Heimann Ende der 1920er Jahre

Zu den vornehmen Heidelberger Villen gehört die bereits auf Ziegelhäuser Gemarkung liegende Villa Heimann von Architekt P. Wolf. Das nach seinem Besitzer, dem Kölner Unternehmer Johann Maria Heimann (Produzent des „Kölnisch Wasser") benannte Gebäude blieb bis zu dessen Tod 1931 in Familienbesitz. Die enge Verbindung des 1878 in Burtscheid bei Aachen geborenen Sohnes des Kölner Kommerzienrats Johann Maria Friedrich Heimann lag in der Studentenzeit begründet. Heimann studierte hier Chemie und gehörte dem Corps Rhenania an. Nach einer Zwischenstation als Kaufmann in London wurde er geschäftsführender Teilhaber der Firma „Johann Maria Farina gegenüber dem Jülichs-Platz GmbH" als vierfacher Urenkel des Gründers. Als Heimann 1925 aus gesundheitlichen Gründen aus der Firma austrat, ließ er sich in Heidelberg nieder, wo er am 20. November 1931 verstarb. Nach Heimanns Tod wurde die Villa am Stiftsweg von den Nationalsozialisten 1937 bis 1945 als „Langemarck-Haus" und anschließend als Macogen-Club von der US-Armee genutzt, bis 1957 schließlich der Sozialdienst katholischer Frauen (SkF) die Villa für das St. Paulusheim übernahm.

Stift Neuburg

Neben der Michaelsbasilika gehörte auch das 1130 auf der vorderen, dem Neckartal zugewandten Kuppe des Heiligenbergs an Stelle der einstigen Niwenburg errichtete Benediktinerkloster Stift Neuburg zum Kloster

Matthäus Merian d. Ä.: Kloster Neuburg, 1645

Lorsch. Stift Neuburg war die letzte Klostergründung, die von der Benediktinerabtei Lorsch erfolgte, bevor sie 1232 in eine Prämonstratenserabtei umgewandelt wurde. Das von Abt Diemo von Lorsch gegründete Kloster geht als Stiftung auf den Edelfreien Anselm zurück. Doch die Entwicklung verlief anders als geplant, so dass das Kloster 1195 durch Pfalzgraf Konrad von Hohenstaufen in ein Nonnenkloster umgewandelt wurde. Die erhoffte wirtschaftliche Blüte jedoch blieb aus. 1562 erfolgte dessen Aufhebung. Zwischenzeitlich nutzte es Kurfürstin Luise Juliane, Ehefrau Kurfürst Friedrichs IV. als Landaufenthalt. Auch die weitere Entwicklung blieb wechselvoll. Ein Jahrzehnt, von 1671 bis 1681 diente es als adeliges Damenstift. 1706 übergab es Kurfürst Johann Wilhelm den Jesuiten, die sich um den Ausbau und die Restaurierung des Klosters sehr verdient machten, bis der Orden 1773 vom Papst aufgehoben wurde und das Kloster erneut verwaiste. 1781 folgte eine kurze weitere geistliche Episode durch die Lazaristen. 1804 fiel das Kloster endgültig in private Hände und gelangte

Blick auf Stift Neuburg in den 1930er Jahren. – In Neuburg hielt sich Goethes „Suleika" Marianne v. Willemer (1784–1860) des Öfteren auf. Um Schlosser herum begann sich das Kloster zum Zentrum der Heidelberger Romantik zu entwickeln, als Treffpunkt von Clemens Brentano, Joseph Görres (1776–1848), den Brüdern Friedrich (1772–1829) und August Wilhelm Schlegel (1767–1845) oder Ludwig Tiecks (1773–1853). 1851 starb Schlosser. Nach dem Tod von Schlossers Ehefrau Sophie fiel Neuburg an die verwandte Familie der Freiherrn von Bernus. 1926 gelangte das Kloster erneut in den Besitz des Benediktinerordens. Zwei Jahre später erfolgte die Erhebung zur Benediktinerabteikirche.

1825 in den Besitz des Neffen von Goethes Schwager und Freundes Goethes des Kaiserlichen Rates Johann Friedrich Heinrich Schlosser aus Frankfurt. Mit Schlosser erwachte Neuburg zu neuer kultureller und geistiger Blüte. Fortan entwickelte sich hier ein Treffpunkt in Sachen Goethe, denn Schlosser sammelte neben Briefen und Manuskripten nahezu Alles, was mit Goethe zu tun hatte. Es entwickelte sich eine frühe Goethe-Gedenkstätte, verbunden mit einer Galerie der Nazarener im Obergeschoss des Kirchenschiffs.

Künstler- und Personenregister